ŒUVRES COMPLÈTES

DE

M. EUGÈNE SUE.

LES MYSTÈRES DE PARIS.

Ouvrages nouveaux de M. Eugène Sue,
QUI SE TROUVENT À LA MÊME LIBRAIRIE.

LATRÉAUMONT, 2 vol. in-8°.
ARTHUR, 4 vol. in-8°.
DELEYTAR, 2 vol. in-8°.
LE MARQUIS DE LÉTORIÈRE, 1 vol. in-8°.
JEAN CAVALIER, ou LES FANATIQUES DES CÉVENNES, 4 vol. in-8°.
DEUX HISTOIRES : HERCULE-HARDI ET LE COLONEL SURVILLE, 1772—1810, 2 vol. in-8°.
LE COMMANDEUR DE MALTE, histoire maritime du temps de Louis XIII, 2 vol. in-8°.
MATHILDE, MÉMOIRES D'UNE JEUNE FEMME, 6 vol. in-8°.
LE MORNE-AU-DIABLE, 2 volumes in-8°.
THÉRÈSE DUNOYER, 2 vol. in-8°.
LES MYSTÈRES DE PARIS, 8 vol. in-8°.
PAULA MONTI ou L'HÔTEL LAMBERT, 2 vol. in-8°.

Ouvrages de M. Eugène Sue
FAISANT PARTIE DE LA BIBLIOTHÈQUE D'ÉLITE.

LA SALAMANDRE, 1 vol. in-18, papier jésus vélin.
PLICK ET PLOCK, Nouvelles maritimes, 1 vol. in-18, papier jésus vélin.
ATAR GULL, Nouvelles maritimes, 1 vol. in-18, papier jésus vélin.
ARTHUR, 2 vol. in-18, papier jésus vélin.
LA COUCARATCHA, 2 vol. in-18, papier jésus vélin.
LA VIGIE DE KOAT-VEN, 2 vol. in-18, papier jésus vélin.

Paris. Imprimé par Béthune et Plon.

LES
MYSTÈRES
DE PARIS.

Par EUGÈNE SUE,
AUTEUR DE MATHILDE.

SIXIÈME SÉRIE.

Deuxième édition.

PARIS.
LIBRAIRIE DE CHARLES GOSSELIN,
Éditeur de la Bibliothèque d'Élite.
30, RUE JACOB.
MDCCCXLIII.

LES MYSTÈRES DE PARIS.

SIXIÈME PARTIE.

CHAPITRE PREMIER.

L'ILE DU RAVAGEUR.

Les scènes suivantes vont se passer pendant la soirée du jour où madame Séraphin, suivant les ordres du notaire Jacques Ferrand, s'est rendue chez les Martial, *pirates d'eau douce*, établis à la pointe d'une petite île de la Seine, non loin du pont d'Asnières.

Le père Martial, mort sur l'échafaud comme son père, avait laissé une veuve, quatre fils et deux filles...

Le second de ces fils était déjà condamné aux galères à perpétuité... De cette nombreuse famille il restait donc à l'île du *Ravageur* (nom que dans le pays on donnait à ce repaire, nous dirons pourquoi), il restait, disons-nous :

La mère Martial,

Trois fils : l'aîné (l'amant de la Louve) avait vingt-cinq ans, l'autre vingt ans, le plus jeune douze ans.

Deux filles : l'une de dix-huit ans, la seconde de neuf ans.

Les exemples de ces familles, où se perpétue une sorte d'épouvantable hérédité dans le crime, ne sont que trop fréquents.

Cela doit être.

Répétons-le sans cesse : la société songe à *punir*, jamais à *prévenir* le mal.

Un criminel sera jeté au bagne pour sa vie...

Un autre sera décapité...

Ces condamnés laisseront de jeunes enfants...

La société prendra-t-elle souci de ces orphelins ?..

De ces orphelins, *qu'elle a faits...* en frappant leur père de mort civile, ou en lui coupant la tête ?

Viendra-t-elle substituer une tutelle salutaire, *préservatrice*, à la déchéance de celui que la loi a déclaré indigne, infâme... à la déchéance de celui que la loi a tué ?

Non... — *Morte la bête... mort le venin...* — dit la société...

Elle se trompe.

Le venin de la corruption est si subtil, si corrosif, si contagieux, qu'il devient presque toujours héréditaire ; mais combattu à temps, il ne serait jamais incurable.

Contradiction bizarre !..

L'autopsie prouve-t-elle qu'un homme est mort d'une maladie transmissible ? à force de soins *préservatifs*, on mettra les descendants de cet homme à l'abri de l'affection dont il a été victime...

Que les mêmes faits se reproduisent dans l'ordre moral...

Qu'il soit démontré qu'un criminel lègue presque toujours à son fils le germe d'une perversité précoce...

Fera-t-on pour le salut de cette jeune âme,

ce que le médecin fait pour le corps lorsqu'il s'agit de lutter contre un vice héréditaire?

Non...

Au lieu de guérir ce malheureux, on le laissera se gangrener jusqu'à la mort...

Et alors, de même que le peuple croit le fils du bourreau forcément bourreau... on croira le fils d'un criminel forcément criminel...

Et alors on regardera comme le fait d'une hérédité inexorablement *fatale*, une corruption causée par l'égoïste incurie de la société...

De sorte que si, malgré de funestes enseignements, l'*orphelin que la loi a fait*... reste par hasard laborieux et honnête, un préjugé barbare fera rejaillir sur lui la flétrissure paternelle. En butte à une réprobation immeritée, à peine trouvera-t-il du travail...

Et au lieu de lui venir en aide, de le sauver du découragement, du désespoir, et surtout des dangereux ressentiments de l'injustice, qui poussent quelquefois les caractères les plus généreux à la révolte, au mal... la société dira :

« Qu'il tourne à mal... nous verrons bien...

N'ai-je pas là geôliers, garde-chiourmes et bourreaux? »

Ainsi, pour celui qui (chose aussi rare que belle) se conserve pur malgré de détestables exemples, aucun appui, aucun encouragement?

Ainsi, pour celui qui, plongé en naissant dans un foyer de dépravation domestique, est vicié tout jeune encore, aucun espoir de guérison?

« —Si! si!! moi, je le guérirai, cet orphelin que j'ai fait — répond la société — mais en temps et lieu... mais à ma mode... mais plus tard...

» Pour extirper la verrue, pour inciser l'apostème... il faut qu'ils soient à point... »

Un criminel demande à être attendu...

« Prisons et galères, voilà mes hôpitaux... Dans les cas incurables, j'ai le couperet...

» Quant à la cure de mon orphelin, j'y songerai, vous dis-je; mais patience, laissons mûrir le germe de corruption héréditaire qui couve en lui, laissons-le grandir, laissons-le étendre profondément ses ravages...

» Patience, donc... patience... Lorsque notre

homme sera pourri jusqu'au cœur, lorsqu'il suintera le crime par tous les pores, lorsqu'un bon vol ou un bon meurtre l'auront jeté sur le banc d'infamie où s'est assis son père, oh ! alors nous guérirons l'héritier du mal... comme nous avons guéri le donateur...

» Au bagne ou sur l'échafaud, le fils trouvera la place paternelle encore toute chaude... »

Oui, dans ce cas, la société raisonne ainsi...

Et elle s'étonne, et elle s'indigne, et elle s'épouvante de voir des traditions de vol et de meurtre fatalement perpétuées de génération en génération....

Le sombre tableau qui va suivre : *Les Pirates d'eau douce*, a pour but de montrer ce que peut être, dans une famille, *l'hérédité du mal*, lorsque la société ne vient pas, soit légalement, soit officieusement, préserver *les malheureux orphelins de la loi* des terribles conséquences de l'arrêt fulminé contre leur père...

Le lecteur nous excusera de faire précéder ce nouvel épisode d'une sorte d'introduction:

Voici pourquoi nous agissons ainsi :

A mesure que nous avançons dans cette publication, son but moral est attaqué avec tant d'acharnement, et selon nous, avec tant d'injustice, qu'on nous permettra d'insister sur la pensée sérieuse, honnête qui, jusqu'à présent, nous a soutenu, guidé.

Plusieurs esprits graves, délicats, élevés, ayant bien voulu nous encourager dans nos tentatives, et nous faire parvenir des témoignages flatteurs de leur adhésion, nous devons peut-être à ces amis connus et inconnus, de répondre une dernière fois à des récriminations aveugles, obstinées, qui ont retenti, nous dit-on... jusqu'au sein de l'assemblée législative.

Proclamer l'ODIEUSE IMMORALITÉ de notre œuvre, c'est proclamer implicitement, ce nous semble, les tendances *odieusement immorales* des personnes qui nous honorent de leurs vives sympathies.

C'est donc au nom de ces sympathies autant qu'au nôtre, que nous tenterons de prouver par un exemple, choisi parmi plusieurs, que cet ouvrage n'est pas complétement dépourvu d'idées généreuses et pratiques.

L'an passé, dans l'une des premières parties de ce livre, nous avons donné l'aperçu d'une *ferme-modèle*, fondée par Rodolphe pour *encourager, enseigner et rémunérer les cultivateurs pauvres, probes et laborieux.*

A ce propos nous ajoutions :

— Les honnêtes gens malheureux méritent au moins autant d'intérêt que les criminels ; pourtant il y a de nombreuses sociétés destinées au patronage des jeunes détenus ou libérés ; mais aucune société n'est fondée dans le but de secourir les jeunes gens pauvres dont la conduite aurait toujours été exemplaire...... De sorte qu'il faut nécessairement avoir commis un délit... pour être apte à jouir du bénéfice de ces institutions, d'ailleurs si méritantes et si salutaires.

Et nous faisions dire à un paysan de la ferme de Bouqueval :

« Il est humain et charitable de ne jamais désespérer des méchants ; mais il faudrait aussi faire espérer les bons. Un honnête garçon robuste et laborieux, ayant envie de bien faire, de bien apprendre, se présenterait à cette ferme de jeunes *ex-voleurs*, qu'on lui dirait : — Mon gars, as-tu un brin volé et vagabondé ? — Non. — Eh bien ! il n'y a point de place ici pour toi. »

Cette discordance avait aussi frappé des esprits meilleurs que le nôtre. Grâce à eux, ce que nous regardions comme une utopie vient d'être réalisé.

Sous la présidence d'un des hommes les plus éminents, les plus honorables de ce temps-ci, M. le comte Portalis, et sous l'intelligente direction d'un véritable philanthrope au cœur généreux, à l'esprit pratique et éclairé, M. Allier, une société vient d'être fondée dans le but de *venir au secours des jeunes gens pauvres et honnêtes du département de la Seine, et de les employer dans des colonies agricoles.*

Ce seul et simple rapprochement suffit pour constater la pensée morale de notre œuvre.

Nous sommes très-fier, très-heureux de nous être rencontré dans un même milieu d'idées, de vœux et d'espérance avec les fondateurs de cette nouvelle œuvre de patronage; car nous sommes un des propagateurs les plus obscurs, mais les plus convaincus, de ces deux grandes vérités : — Qu'il est du devoir de la société de PRÉVENIR LE MAL et *d'encourager,* de RÉCOMPENSER LE BIEN autant qu'il est en elle.

Puisque nous avons parlé de cette nouvelle œuvre de charité, dont la pensée juste et morale doit avoir une action salutaire et féconde, espérons que ses fondateurs songeront peut-être à combler une autre lacune, en étendant plus tard leur tutélaire patronage ou du moins leur sollicitude officieuse sur *les jeunes enfants dont le père aurait été supplicié ou condamné à une peine infamante entraînant la mort civile*, et qui, nous le répétons, SONT RENDUS ORPHELINS PAR LE FAIT DE L'APPLICATION DE LA LOI.

Ceux de ces malheureux enfants qui seraient déjà dignes d'intérêt par leurs saines tendances et par leur misère, mériteraient encore une attention particulière en raison même de leur position exceptionnelle, pénible, difficile, dangereuse.

Oui, pénible, difficile, dangereuse.

Disons-le encore : presque toujours victime de cruelles répulsions, souvent la famille d'un condamné demandant en vain du travail, se voit, pour échapper à la réprobation générale, contrainte d'abandonner les lieux où elle trouvait des moyens d'existence.

Alors, aigris, irrités par l'injustice, déjà

flétris à l'égal des criminels pour des fautes dont ils sont innocents... quelquefois à bout de ressources honorables, ces infortunés ne seront-ils pas bien près de faillir, s'ils sont restés probes?

Ont-ils, au contraire, déjà subi une influence presque inévitablement corruptrice, ne doit-on pas tenter de les sauver, lorsqu'il en est temps encore?

La présence de ces *orphelins de la loi* au milieu des autres enfants recueillis par la société dont nous parlons, serait d'ailleurs pour tous d'un utile enseignement... Elle montrerait que, si le coupable est inexorablement puni, les siens ne perdent rien, gagnent même dans l'estime du monde, si à force de courage, de vertus, ils parviennent à réhabiliter un nom déshonoré.

Dira-t-on que le législateur a voulu rendre le châtiment plus terrible encore, en frappant virtuellement le père criminel dans l'avenir de son fils innocent?

Cela serait barbare, immoral, insensé.

N'est-il pas, au contraire, d'une haute moralité de prouver au peuple :

— Qu'il n'y a dans le mal aucune solidarité héréditaire ;

— Que la tache originelle n'est pas ineffaçable ?

Osons espérer que ces réflexions paraîtront dignes de quelque intérêt à la nouvelle Société de patronage.

Sans doute il est douloureux de songer que l'État ne prend jamais l'initiative dans toutes ces questions palpitantes qui touchent au vif de l'organisation sociale.

En peut-il être autrement ?

A l'une des dernières séances législatives, un pétitionnaire, frappé, dit-il, de la misère et des souffrances des classes pauvres, a proposé, entre autres moyens d'y remédier, *la fondation de maisons d'invalides destinées aux travailleurs.*

Ce projet, sans doute défectueux dans sa forme, mais qui renfermait du moins une haute idée philanthropique, digne du plus sérieux examen, en cela qu'elle se rattache à l'immense question de l'organisation du travail; ce projet, disons-nous, *a été accueilli par une hilarité générale et prolongée.*

. . . .

Cela dit, passons.

Revenons aux *pirates d'eau douce* et à l'île du *Ravageur.*

Le chef de la famille Martial, qui le premier s'établit dans cette petite île moyennant un loyer modique, était *ravageur.*

Les ravageurs, ainsi que *les débardeurs* et *les déchireurs* de bateaux, restent pendant toute la journée plongés dans l'eau jusqu'à la ceinture pour exercer leur métier.

Les débardeurs débarquent le bois flotté.

Les déchireurs démolissent les trains qui ont amené le bois.

Tout aussi aquatique que les industries précédentes, l'industrie des *ravageurs* a un but différent.

S'avançant dans l'eau aussi loin qu'il peut aller, le ravageur puise, à l'aide d'une longue drague, le sable de rivière sous la vase; puis, le recueillant dans de grandes sébiles de bois, il le lave comme un minerai ou comme un gravier aurifère, et en retire ainsi une grande quantité de parcelles métalliques de toutes sortes, fer, cuivre, fonte, plomb, étain, provenant des débris d'une foule d'ustensiles.

Souvent même les ravageurs trouvent dans le sable des fragments de bijoux d'or ou d'argent apportés dans la Seine, soit par les égouts où se dégorgent les ruisseaux, soit par les masses de neige ou de glaces ramassées dans les rues et que l'hiver on jette à la rivière.

Nous ne savons en vertu de quelle tradition ou de quel usage ces industriels, généralement honnêtes, paisibles et laborieux, sont si formidablement baptisés.

Le père Martial, premier habitant de l'île jusqu'alors inoccupée, étant *ravageur* (fâcheuse exception), les riverains du fleuve la nommèrent l'*Ile du Ravageur*.

L'habitation des pirates d'eau douce est donc située à la partie méridionale de cette terre.

Dans le jour on peut lire sur un écriteau qui se balance au-dessus de la porte :

AU RENDEZ-VOUS DES RAVAGEURS,

BON VIN, BONNE MATELOTE ET FRITURE.

On loue des bachots (bateaux) pour la promenade.

On le voit, à ses métiers patents ou occultes le chef de cette famille maudite avait joint ceux de cabaretier, de pêcheur et de loueur de bateaux.

La veuve de ce supplicié continuait de tenir la maison : des gens sans aveu, des vagabonds en rupture de ban, des montreurs d'animaux, des charlatans nomades, venaient y passer le dimanche et d'autres jours *non fériés*, en partie de plaisir.

Martial (l'amant de la Louve), fils aîné de la famille, le moins coupable de tous, pêchait en fraude, et au besoin prenait en véritable *bravo*, et moyennant salaire, le parti des faibles contre les forts.

Un de ses autres frères, Nicolas, le futur complice de Barbillon pour le meurtre de la courtière en diamants, était en apparence *ravageur*, mais de fait il se livrait à la piraterie d'eau douce sur la Seine et sur ses rives.

Enfin François, le plus jeune des fils du supplicié, conduisait les curieux qui voulaient se promener en bateau. Nous parlerons pour mémoire d'Ambroise Martial, condamné aux galères pour vol de nuit avec effraction et tentative de meurtre.

La fille aînée, surnommée *Calebasse*, aidait sa mère à faire la cuisine et à servir les hôtes; sa sœur Amandine, âgée de neuf ans, s'occupait aussi des soins du ménage selon ses forces.

Ce soir-là, au dehors la nuit est sombre; de lourds nuages gris et opaques, chassés par le vent, laissent voir çà et là, à travers leurs déchirures bizarres, quelque peu de sombre azur scintillant d'étoiles.

La silhouette de l'île, bordée de hauts peupliers dépouillés, se dessine vigoureusement en noir sur l'obscurité diaphane du ciel et sur la transparence blanchâtre de la rivière.

La maison à pignons irréguliers est complétement ensevelie dans l'ombre; deux fenêtres du rez-de-chaussée sont seulement éclairées, leurs vitres flamboient; ces lueurs rouges se reflètent comme de longues traînées de feu dans les petites vagues qui baignent le débarcadère, situé proche de l'habitation.

Les chaînes des bateaux qui y sont amarrés font entendre un cliquetis sinistre; il se mêle tristement aux rafales de la bise dans les branches des peupliers, et au sourd mugissement des grandes eaux...

Une partie de la famille est rassemblée dans la cuisine de la maison.

Cette pièce est vaste et basse ; en face de la porte sont deux fenêtres, au-dessous desquelles s'étend un long fourneau : à gauche, une haute cheminée; à droite, un escalier qui monte à l'étage supérieur; à côté de cet escalier, l'entrée d'une grande salle, garnie de plusieurs tables destinées aux habitués du cabaret.

La lumière d'une lampe, jointe aux flammes du foyer, fait reluire un grand nombre de casseroles et autres ustensiles de cuivre pendus le long des murailles ou rangés sur des tablettes avec différentes poteries ; une grande table occupe le milieu de cette cuisine.

La veuve du supplicié, entourée de trois de ses enfants, est assise au coin du foyer.

Cette femme, grande et maigre, paraît avoir quarante-cinq ans. Elle est vêtue de noir; un mouchoir de deuil noué *en marmotte*, cachant ses cheveux, entoure son front plat, blême, déjà sillonné de rides; son nez est long, droit et pointu; ses pommettes saillantes, ses joues creuses; son teint bilieux, blafard, est profondément marqué de petite vérole; les coins de sa bouche, toujours abaissés, rendent plus dure encore l'expression de ce visage froid, sinistre, impassible comme un masque de marbre. Ses sourcils gris surmontent ses yeux d'un bleu terne.

La veuve du supplicié s'occupe d'un travail de couture, ainsi que ses deux filles.

L'aînée, sèche et grande, ressemble beaucoup à sa mère... C'est sa physionomie calme, dure et méchante, son nez mince, sa bouche sévère, *son regard pâle*. Seulement son teint terreux, jaune comme un coing, lui a valu le surnom de *Calebasse*. Elle ne porte pas le deuil: sa robe est brune; son bonnet de tulle noir laisse apercevoir deux bandeaux de cheveux rares, d'un blond fade et sans reflet.

François, le plus jeune des fils Martial, accroupi sur un escabeau, remmaille un *aldret*, filet de pêche destructeur, sévèrement interdit sur la Seine.

Malgré le hâle qui le brunit, le teint de cet enfant est florissant ; une forêt de cheveux roux couvre sa tête ; ses traits sont arrondis, ses lèvres grosses, son front saillant, ses yeux vifs, perçants : il ne ressemble ni à sa mère, ni à sa sœur aînée ; il a l'air sournois, craintif ; de temps à autre, à travers l'espèce de crinière qui retombe sur son front, il jette obliquement sur sa mère un coup d'œil défiant, ou échange avec sa petite sœur Amandine un regard d'intelligence et d'affection...

Celle-ci, assise à côté de son frère, s'occupe, non pas à marquer, mais à *démarquer* du linge volé la veille. Elle a neuf ans ; elle ressemble autant à son frère que sa sœur ressemble à sa mère ; ses traits, sans être plus réguliers, sont moins grossiers que ceux de François. Quoique couvert de taches de rousseur, son teint est d'une fraîcheur éclatante ; ses lèvres sont épaisses, mais vermeilles ; ses cheveux, roux, mais fins, soyeux, brillants ; ses yeux, petits, mais d'un bleu pur et doux.

Lorsque le regard d'Amandine rencontre celui de son frère, elle lui montre la porte ; à ce signe, François répond par un soupir ; puis, appelant l'attention de sa sœur par un geste rapide, il compte distinctement du bout de son filoir dix mailles de filet...

Cela veut dire, dans le langage symbolique des enfants, que leur frère Martial ne doit rentrer qu'à dix heures.

En voyant ces deux femmes silencieuses à l'air méchant, et ces deux pauvres petits inquiets, muets, craintifs, on devine là deux bourreaux et deux victimes.

Calebasse, s'apercevant qu'Amandine cessait un moment de travailler, lui dit d'une voix dure :

— Auras-tu bientôt fini de démarquer cette chemise ?..

L'enfant baissa la tête sans répondre ; à l'aide de ses doigts et de ses ciseaux, elle acheva d'enlever à la hâte les fils de coton rouge qui dessinaient des lettres sur la toile.

Au bout de quelques instants, Amandine, s'adressant timidement à la veuve, lui présenta son ouvrage :

— Ma mère, j'ai fini — lui dit-elle.

Sans lui répondre, la veuve lui jeta une autre pièce de linge.

L'enfant ne put la recevoir à temps et la laissa tomber. Sa grande sœur lui donna de sa main dure comme du bois un coup vigoureux sur le bras en s'écriant :

— Petite bête !!!

Amandine regagna sa place et se mit activement à l'œuvre, après avoir échangé avec son frère un regard où roulait une larme.

Le même silence continua de régner dans la cuisine.

Au dehors le vent gémissait toujours et agitait l'enseigne du cabaret.

Ce triste grincement et le sourd bouillonnement d'une marmite placée devant le feu étaient les seuls bruits qu'on entendît.

Les deux enfants observaient avec une secrète frayeur que leur mère ne parlait pas.

Quoiqu'elle fût habituellement silencieuse, ce mutisme complet et certain pincement de ses lèvres leur annonçaient que la veuve était dans ce qu'ils appelaient ses *colères blanches*, c'est-à-dire en proie à une irritation concentrée.

Le feu menaçait de s'éteindre, faute de bois.

— François, une bûche ! — dit Calebasse.

Le jeune raccommodeur de filets défendus

regarda derrière le pilier de la cheminée et répondit :

— Il n'y en a plus là...

— Va au bûcher — reprit Calebasse.

François murmura quelques paroles inintelligibles et ne bougea pas.

— Ah çà ! François, m'entends-tu ? — dit aigrement Calebasse.

La veuve du supplicié posa sur ses genoux une serviette qu'elle démarquait aussi, et jeta les yeux sur son fils.

Celui-ci avait la tête baissée, mais il devina, mais il sentit pour ainsi dire le terrible regard de sa mère peser sur lui... Craignant de rencontrer ce visage redoutable, l'enfant restait immobile.

— Ah çà ! es-tu sourd, François ? — reprit Calebasse irritée. — Ma mère... tu vois...

La grande sœur semblait avoir pour fonction d'accuser les deux enfants et de requérir les peines que la veuve appliquait impitoyablement.

Amandine, sans qu'on pût remarquer son mouvement, poussa doucement le coude de son frère pour l'engager tacitement à obéir à Calebasse.

François ne bougea pas.

La sœur aînée regarda sa mère pour lui demander la punition du coupable : la veuve l'entendit.

De son long doigt décharné elle lui montra une baguette de saule forte et souple placée dans l'encognure de la cheminée.

Calebasse se pencha en arrière, prit cet instrument de correction et le remit à sa mère.

François avait parfaitement suivi le geste de sa mère ; il se leva brusquement, et d'un saut se mit hors de l'atteinte de la menaçante baguette.

— Tu veux donc que ma mère te roue de coups ? — s'écria Calebasse.

La veuve, tenant toujours le bâton à la main, pinçant de plus en plus ses lèvres pâles, regardait François d'un œil fixe, sans prononcer un mot.

Au léger tremblement des mains d'Amandine, dont la tête était baissée, à la rougeur qui couvrit subitement son cou, on voyait que l'enfant, quoique habituée à de pareilles scènes, s'effrayait du sort qui attendait son frère.

Celui-ci, réfugié dans un coin de la cuisine, semblait craintif et irrité.

— Prends garde à toi, ma mère va se lever, et il ne sera plus temps! — dit la grande sœur.

— Ça m'est égal — reprit François en pâlissant. J'aime mieux être battu comme avant-hier... que d'aller dans le bûcher... et la nuit... encore...

— Et pourquoi ça? — reprit Calebasse avec impatience.

— J'ai peur dans le bûcher... moi... — répondit l'enfant en frissonnant malgré lui.

— Tu as peur... imbécile... et de quoi?

François hocha la tête sans répondre.

— Parleras-tu?... De quoi as-tu peur?

— Je ne sais pas... mais j'ai peur...

— Tu es allé là cent fois, et encore hier soir?

— Je ne veux plus y aller maintenant...

— Voilà ma mère qui se lève!...

— Tant pis! — s'écria l'enfant — qu'elle

me batte, qu'elle me tue, elle ne me fera pas aller dans le bûcher... la nuit... surtout... .

— Mais encore une fois, pourquoi ? — reprit Calebasse.

— Eh bien, parce que...
— Parce que?
— Parce qu'il y a quelqu'un...
— Il y a quelqu'un?

— D'enterré là... — murmura François en frissonnant.

La veuve du supplicié, malgré son impassibilité, ne put réprimer un brusque tressaillement; sa fille l'imita; on eût dit ces deux femmes frappées d'une même secousse électrique.

— Il y a quelqu'un d'enterré dans le bûcher? — reprit Calebasse en haussant les épaules.

— Oui — dit François d'une voix si basse, qu'on l'entendit à peine.

— Menteur !... — s'écria Calebasse.

— Je te dis, moi, que tantôt, en rangeant du bois, j'ai vu dans le coin noir du bûcher un os de mort... il sortait un peu de la terre qui était humide... à l'entour... — répliqua François.

— L'entends-tu, ma mère? Est-il bête! — dit Calebasse en faisant un signe d'intelligence à la veuve — ce sont des os de mouton que je mets là pour la lessive...

— Ça n'était pas un os de mouton — reprit l'enfant avec épouvante — c'étaient des os enterrés... des os de mort... un pied qui sortait de terre... je l'ai bien vu.

— Et tu as tout de suite raconté cette belle trouvaille-là... à ton frère... à ton bon ami Martial, n'est-ce pas? — dit Calebasse avec une ironie sauvage.

François ne répondit pas.

— Méchant petit *raille* (1) — s'écria Calebasse furieuse — parce qu'il est poltron comme une vache, il serait capable de nous faire *faucher* comme on a *fauché* (2) notre père!

— Puisque tu m'appelles *raille* — s'écria François exaspéré — je dirai tout à mon frère Martial. Je ne le lui avais pas dit encore, car je

(1) Mouchard.
(2) Guillotiné.

ne l'ai pas vu depuis tantôt... Mais quand il reviendra ce soir... je...

L'enfant n'osa pas achever. Sa mère s'avançait vers lui, calme, mais inexorable.

Quoiqu'elle se tînt habituellement un peu courbée, sa taille était très-haute pour une femme; tenant sa baguette d'une main, de l'autre la veuve prit son fils par le bras, et, malgré la terreur, la résistance, les prières, les pleurs de l'enfant, l'entraînant après elle, elle le força de monter l'escalier du fond de la cuisine.

Au bout d'un instant on entendit au-dessus du plafond des trépignements sourds, mêlés de cris et de sanglots.

Quelques minutes après ce bruit cessa.

Une porte se referma violemment.

Et la veuve du supplicié redescendit.

Puis, toujours impassible, elle remit la baguette de bouleau à sa place, se rassit auprès du foyer, et reprit son travail de couture sans prononcer une parole.

CHAPITRE II.

LE PIRATE D'EAU DOUCE.

Après quelques moments de silence la veuve du supplicié dit à sa fille :

— Va chercher du bois ; cette nuit nous *rangerons le bûcher*... au retour de Nicolas et de Martial.

— De Martial ? Vous voulez donc lui dire aussi que...

— Du bois... — reprit la veuve en interrompant brusquement sa fille.

Celle-ci, habituée à subir cette volonté de fer, alluma une lanterne et sortit.

Au moment où elle ouvrit la porte, on vit au dehors la nuit noire, on entendit le craquement des hauts peupliers agités par le vent, le cliquetis des chaînes de bateaux, les sifflements de la bise, le mugissement de la rivière.

Ces bruits étaient profondément tristes.

Pendant la scène précédente, Amandine, péniblement émue du sort de François, qu'elle aimait tendrement, n'avait osé ni lever les yeux, ni essuyer ses pleurs, qui tombaient goutte à goutte sur ses genoux. Ses sanglots contenus la suffoquaient, elle tâchait de réprimer jusqu'aux battements de son cœur palpitant de crainte.

Les larmes obscurcissaient sa vue. En se hâtant de démarquer la chemise qu'on lui avait donnée, elle s'était blessée à la main avec ses ciseaux; la piqûre saignait beaucoup, mais la pauvre enfant songeait moins à sa douleur qu'à la punition qui l'attendait pour avoir taché de son sang cette pièce de linge. Heureusement, la veuve, absorbée dans une réflexion profonde, ne s'aperçut de rien.

Calebasse rentra portant un panier rempli de bois. Au regard de sa mère, elle répondit par un signe de tête affirmatif.

Cela voulait dire qu'en effet le pied du mort sortait de terre...

La veuve pinça ses lèvres et continua de travailler, seulement elle parut manier plus précipitamment son aiguille.

—Calebasse ranima le feu, surveilla l'ébullition de la marmite qui cuisait au coin du foyer, puis se rassit auprès sa mère.

—Nicolas n'arrive pas!—lui dit-elle.— Pourvu que la vieille femme de ce matin, en lui donnant un rendez-vous avec un bourgeois de la part de Bradamanti, ne l'ait pas mis dans une mauvaise affaire. Elle avait l'air si en dessous! elle n'a voulu ni s'expliquer, ni dire son nom, ni d'où elle venait.

La veuve haussa les épaules.

—Vous croyez qu'il n'y a pas de danger pour Nicolas, ma mère?... Après tout, vous avez peut-être raison... La vieille lui demandait de se trouver à sept heures du soir quai de Billy, en face la gare, et là d'attendre un homme qui voulait lui parler et qui lui dirait *Bradamanti* pour mot de passe... Au fait, ça n'est pas bien périlleux... Si Nicolas s'attarde, c'est qu'il aura peut-être trouvé quelque chose en route... comme avant hier... ce linge-là... qu'il a *grinchi* (1) sur un bateau de blanchisseuse.— Et elle montra une des pièces que démarquait Amandine; puis, s'adressant à l'enfant : — Qu'est-ce que ça veut dire, *grinchir*?

— Ça veut dire... prendre... — répondit l'enfant sans lever les yeux.

— Ça veut dire voler, petite sotte; entends-tu?... voler...

— Oui, ma sœur...

— Et quand on sait bien grinchir comme Nicolas, il y a toujours quelque chose à gagner... le linge qu'il a volé hier nous a remontés et ne nous coûtera que la façon du démarquage... n'est-ce pas, ma mère?—ajouta Calebasse avec un éclat de rire qui laissa voir des dents déchaussées et jaunes comme son teint.

La veuve resta froide à cette plaisanterie.

— A propos de remonter notre ménage gratis — reprit Calebasse — nous pourrons peut-être nous fournir à une autre boutique. Vous savez bien qu'un vieux homme est venu

(1) Volé.

habiter, depuis quelques jours, la maison de campagne de M. Griffon, le médecin de l'hospice de Paris... cette maison isolée, à cent pas du bord de l'eau, en face du four à plâtre?

La veuve baissa la tête.

— Nicolas disait hier que maintenant il y aurait peut-être là un bon coup à faire — reprit Calebasse. — Et moi je sais depuis ce matin qu'il y a là du butin pour sûr; il faudra envoyer Amandine flâner autour de la maison, on n'y fera pas attention; elle aura l'air de jouer, regardera bien partout, et viendra nous rapporter ce qu'elle aura vu. Entends-tu ce que je te dis? ajouta durement Calebasse en s'adressant à Amandine.

— Oui, ma sœur, j'irai — répondit l'enfant en tremblant.

— Tu dis toujours: Je ferai, et tu ne fais pas, sournoise! La fois où je t'avais commandé de prendre cent sous dans le comptoir de l'épicier d'Asnières pendant que je l'occupais d'un autre côté de sa boutique, c'était facile; on ne se défie pas d'un enfant. Pourquoi ne m'as-tu pas obéi?

— Ma sœur... le cœur m'a manqué... je n'ai pas osé.

— L'autre jour tu as bien osé voler un mouchoir dans la balle du colporteur, pendant qu'il vendait dans le cabaret... S'est-il aperçu de quelque chose, imbécile ?

— Ma sœur, vous m'y avez forcée... le mouchoir était pour vous; et puis ce n'était pas de l'argent...

— Qu'est-ce que ça fait?

— Dame !... prendre un mouchoir, ça n'est pas si mal que de prendre de l'argent.

— Ta parole d'honneur? c'est Martial qui t'apprend ces *vertucheries*-là, n'est-ce pas? — reprit Calebasse avec ironie — tu vas tout lui rapporter, petite moucharde!... crois-tu que nous ayons peur qu'il nous mange, ton Martial?... — Puis, s'adressant à la veuve, Calebasse ajouta : — Vois-tu, ma mère, ça finira mal pour lui...—Il veut faire la loi ici. Nicolas est furieux contre lui, moi aussi... Il excite Amandine et François contre nous, contre toi... Est-ce que ça peut durer?...

— Non...—dit la mère d'un ton bref et dur.

— C'est surtout depuis que sa Louve est à

Saint-Lazare qu'il est comme un déchaîné après tout le monde... Est-ce que c'est notre faute, à nous, si elle est en prison... sa maîtresse?... Une fois sortie, elle n'a qu'à venir ici... et je la servirai... bonne mesure... quoiqu'elle fasse la méchante...

La veuve, après un moment de réflexion, dit à sa fille :

— Tu crois qu'il y a un coup à faire sur ce vieux qui habite la maison du médecin?

— Oui... ma mère...

— Il a l'air d'un mendiant!

— Ça n'empêche pas que c'est un noble.

— Un noble?

— Oui, et qu'il ait de l'or dans sa bourse... quoiqu'il aille à Paris à pied tous les jours, et qu'il revienne de même, avec son gros bâton pour toute voiture.

— Qu'en sais-tu, s'il a de l'or?

— Tantôt j'ai été au bureau de poste d'Asnières pour voir s'il n'y avait pas de lettre de Toulon...

A ces mots, qui lui rappelaient le séjour de son fils au bagne, la veuve du supplicié fronça ses sourcils et étouffa un soupir.

Calebasse continua :

— J'attendais mon tour, quand le vieux qui loge chez le médecin est entré ; je l'ai tout de suite reconnu à sa barbe blanche comme ses cheveux... à sa face couleur de buis... et à ses sourcils noirs. Il n'a pas l'air facile... Malgré son âge, ça doit être un vieux déterminé... Il a dit à la buraliste : « Avez-vous des lettres d'Angers pour M. le comte de Saint-Remy? — Oui, a-t-elle répondu, en voilà une. — C'est pour moi, a-t-il dit ; voilà mon passeport. » Pendant que la buraliste l'examinait, le vieux, pour payer le port, a tiré sa bourse de soie verte. A un bout j'ai vu de l'or reluire à travers les mailles ; il y en avait gros comme un œuf... au moins quarante ou cinquante louis! — s'écria Calebasse les yeux brillants de convoitise... et pourtant il est mis comme un gueux... C'est un de ces vieux avares farcis de trésors... Allez, ma mère! nous savons son nom... ça pourra peut-être servir... pour s'introduire chez lui... quand Amandine nous aura dit s'il a des domestiques.

Des aboiements violents interrompirent Calebasse.

— Ah!... les chiens crient — dit-elle; — ils entendent un bateau... C'est Martial ou Nicolas...

Au nom de Martial, les traits d'Amandine exprimèrent une joie contrainte.

Après quelques minutes d'attente, pendant lesquelles elle fixait un œil impatient et inquiet sur la porte, l'enfant vit, à son grand regret, entrer Nicolas, le futur complice de Barbillon.

La physionomie de Nicolas Martial était à la fois ignoble et féroce : petit, grêle, chétif, on ne concevait pas qu'il pût exercer son dangereux et criminel métier. Malheureusement une sauvage énergie morale suppléait chez ce misérable à la force physique qui lui manquait.

Par-dessus son bourgeron bleu, Nicolas portait une sorte de casaque sans manches, faite d'une peau de bouc à longs poils bruns; en entrant il jeta par terre un saumon de cuivre qu'il avait péniblement apporté sur son épaule.

— Bonne nuit et bon butin, la mère! — s'écria-t-il d'une voix creuse et enrouée, après s'être débarrassé de son fardeau ; — il y a encore trois saumons pareils dans mon bachot, un paquet de hardes et une caisse remplie de je ne sais pas quoi ; car je ne me suis pas amusé à l'ouvrir. Peut-être que je suis volé... on verra !

— Et l'homme du quai de Billy ? — demanda Calebasse pendant que la veuve regardait silencieusement son fils.

Celui-ci, pour toute réponse, plongea sa main dans la poche de son pantalon, et, la secouant, y fit bruire un grand nombre de pièces d'argent.

— Tu lui as pris tout ça ?... — s'écria Calebasse.

— Non, il a aboulé de lui-même deux cents francs ; et il en aboulera encore huit cents quand j'aurai... mais suffit !.. D'abord déchargeons mon bachot, nous jaserons après... Martial n'est pas ici ?

— Non — dit la sœur.

— Tant mieux ! nous serrerons le butin sans lui... Autant qu'il ne sache pas...

— Tu as peur de lui, poltron ? — dit aigrement Calebasse.

—Peur de lui?.. moi!.. il haussa les épaules
— j'ai peur qu'il ne nous vende... voilà tout.
Quant à le craindre... *Coupe-sifflet* (1) à la langue trop bien affilée!...

— Oh! quand il n'est pas là... tu fanfaronnes... mais qu'il arrive, ça te clôt le bec.

Nicolas parut insensible à ce reproche, et dit :

— Allons, vite! vite!... au bateau... Où est donc François, la mère? Il nous aiderait.

— Ma mère l'a enfermé là-haut après l'avoir rincé; il se couchera sans souper — dit Calebasse.

— Bon; mais qu'il vienne tout de même aider à décharger le bachot, n'est-ce pas, la mère? Moi, lui et Calebasse, en une tournée nous rentrerons tous ici...

La veuve leva le doigt au plafond. Calebasse comprit, et monta chercher François.

Le sombre visage de la mère Martial s'était quelque peu déridé depuis l'arrivée de Nicolas ; elle l'aimait plus que Calebasse, moins encore cependant que *son fils de Toulon*,

(1) Mon couteau.

comme elle disait... car l'amour maternel de cette farouche créature s'élevait en proportion de la criminalité des siens.

Cette préférence perverse explique suffisamment l'éloignement de la veuve pour ses deux jeunes enfants qui n'annonçaient pas de dispositions mauvaises, et sa haine profonde pour Martial, son fils aîné, qui, sans mener une vie irréprochable, pouvait passer pour un très-honnête homme si on le comparait à Nicolas, à Calebasse et à son frère le forçat de Toulon.

— Où as-tu picoré cette nuit? — dit la veuve à Nicolas.

— En m'en retournant du quai de Billy, où j'ai rencontré le bourgeois avec qui j'avais rendez-vous pour ce soir, j'ai reluqué, près du pont des Invalides, une galiote amarrée au quai. Il faisait noir; j'ai dit : Pas de lumière dans la cabine... les mariniers sont à terre... J'aborde... Si je trouve un curieux, je demande un bout de corde, censé pour reficeler ma rame... J'entre dans la cabine... personne... Alors j'y rafle ce que je peux, des hardes, une grande caisse, et, sur le pont, quatre saumons de cuivre; car j'ai fait deux tournées, la galiote était chargée de cuivre et de fer. Mais voilà François et Calebasse : vite au bachot!.. Allons, file aussi toi, eh!... Amandine, tu porteras les hardes... Avant de chasser... faut rapporter...

Restée seule, la veuve s'occupa des préparatifs du souper de la famille, plaça sur la table des verres, des bouteilles, des assiettes de faïence et des couverts d'argent.

Au moment où elle terminait ses apprêts, ses enfants rentrèrent pesamment chargés.

Le poids de deux saumons de cuivre qu'il portait sur ses épaules semblait écraser le petit François ; Amandine disparaissait à moitié sous le monceau de hardes volées qu'elle tenait sur sa tête; enfin Nicolas, aidé de Calebasse, apportait une caisse de bois blanc, sur laquelle il avait placé le quatrième saumon de cuivre.

— La caisse, la caisse!... éventrons-la, la caisse! — s'écria Calebasse avec une sauvage impatience.

Les saumons de cuivre furent jetés sur le sol.

Nicolas s'arma du fer épais de la hachette qu'il portait à sa ceinture, et l'introduisit sous le couvercle de la caisse, placée au milieu de la cuisine, afin de le soulever.

La lueur rougeâtre et vacillante du foyer éclairait cette scène de pillage; au dehors, les sifflements du vent redoublaient de violence.

Nicolas, vêtu de sa peau de bouc, accroupi devant le coffre, tâchait de le briser, et proférait d'horribles blasphèmes en voyant l'épais couvercle résister à de vigoureuses pesées.

Les yeux enflammés de cupidité, les joues colorées par l'emportement de la rapine, Calebasse, agenouillée sur la caisse, y faisait porter tout le poids de son corps afin de donner un point d'appui plus fixe à l'action du levier de Nicolas.

La veuve, séparée de ce groupe par la largeur de la table où elle allongeait sa grande taille, se penchait aussi vers l'objet volé, le regard étincelant d'une fiévreuse convoitise.

Enfin, chose cruelle et malheureusement trop *humaine!* les deux enfants dont les bons instincts naturels avaient souvent triomphé de l'influence maudite de cette abominable corruption domestique ; les deux enfants, oubliant leurs scrupules et leurs craintes, cédaient à l'attrait d'une curiosité fatale... —

Serrés l'un contre l'autre, l'œil brillant, la respiration oppressée, François et Amandine n'étaient pas les moins empressés de connaître le contenu du coffre, ni les moins irrités des lenteurs de l'effraction de Nicolas.

Enfin le couvercle sauta en éclats.

— Ah !.. — s'écria la famille d'une seule voix, haletante et joyeuse.

Et tous, depuis la mère jusqu'à la petite fille, s'abattirent et se précipitèrent avec une ardeur sauvage sur la caisse effondrée... Sans doute expédiée de Paris à un marchand de nouveautés d'un bourg riverain, elle contenait une grande quantité de pièces d'étoffes à l'usage des femmes.

— Nicolas n'est pas volé ! — s'écria Calebasse en déroulant une pièce de mousseline de laine.

— Non — répondit le brigand en déployant à son tour un paquet de foulards — j'ai fait mes frais...

— De la levantine... ça se vendra comme

du pain... — dit la veuve en puisant à son tour dans la caisse.

— La recéleuse de Bras-Rouge, qui demeure rue du Temple, achètera les étoffes — ajouta Nicolas ; et le père Micou, le logeur en garni du quartier Saint-Honoré, s'arrangera du *rouget* (1).

— Amandine — dit tout bas François à sa petite sœur — comme ça ferait une jolie cravate, un de ces beaux mouchoirs de soie... que Nicolas tient à la main ?..

— Ça ferait aussi une bien jolie marmotte — répondit l'enfant avec admiration.

— Faut avouer que tu as eu de la chance de monter sur cette galiote, Nicolas — dit Calebasse. — Tiens, fameux !.. maintenant, voilà des châles... il y en a trois... vraie bourre de soie... Vois donc, ma mère !..

— La mère Burette donnera au moins 500 francs du tout — dit la veuve après un mûr examen.

— Alors ça doit valoir au moins 1,500 francs — dit Nicolas ; — mais, comme on dit,

(1) Cuivre.

tout recéleur... tout voleur. Bah ! tant pis, je ne sais pas chicaner... je serai encore assez colas cette fois-ci pour en passer par où la mère Burette voudra et le père Micou aussi; mais lui, c'est un ami.

— C'est égal, il est voleur comme les autres, le vieux revendeur de ferraille ; mais ces canailles de recéleurs savent qu'on a besoin d'eux — reprit Calebasse en se drapant dans un des châles — et ils en abusent !

— Il n'y a plus rien — dit Nicolas — en arrivant au fond de la caisse.

— Maintenant il faut tout resserrer — dit la veuve.

— Moi, je garde ce châle-là — reprit Calebasse.

— Tu gardes... tu gardes... — s'écria brusquement Nicolas — tu le garderas... si je te le donne... Tu prends toujours... toi... madame *Pas-Gênée*...

— Tiens !.. et toi donc, tu t'en prives... de prendre !

— Moi... je *grinche* en risquant ma peau; c'est pas toi qui aurais été *enflaquée* si on m'avait pincé sur la galiote...

— Eh bien! le voilà, ton châle, je m'en moque pas mal! dit aigrement Calebasse en le rejetant dans la caisse.

— C'est pas à cause du châle... que je parle; je ne suis pas assez chiche pour lésiner sur un châle : un de plus ou de moins, la mère Burette ne changera pas son prix; elle achète en bloc — reprit Nicolas. — Mais, au lieu de dire que tu prends ce châle, tu peux me demander que je te le donne... Allons, voyons, garde-le... Garde-le... je te dis... ou sinon je l'envoie au feu pour faire bouillir la marmite!

Ces paroles calmèrent la mauvaise humeur de Calebasse; elle prit le châle sans rancune.

Nicolas était sans doute en veine de générosité; car, déchirant avec ses dents le chef d'une des pièces de soierie, il en détacha deux foulards et les jeta à Amandine et à François, qui n'avaient pas cessé de contempler cette étoffe avec envie.

— Voilà pour vous, gamins! cette bouchée-là vous mettra en goût de grinchir... L'appétit vient en mangeant... Maintenant allez vous coucher... j'ai à jaser avec la mère; on vous portera à souper là-haut.

Les deux enfants battirent joyeusement des mains, et agitèrent triomphalement les foulards volés qu'on venait de leur donner.

— Eh bien ! petits bêtas — dit Calebasse — écouterez-vous encore Martial ? est-ce qu'il vous a jamais donné des beaux foulards comme ça, lui ?

François et Amandine se regardèrent, puis ils baissèrent la tête sans répondre.

— Parlez donc ! — reprit durement Calebasse ; — est-ce qu'il vous a jamais fait des cadeaux, Martial ?

— Dame !.. non... il ne nous en a jamais fait — dit François en regardant son mouchoir de soie rouge avec bonheur.

Amandine ajouta bien bas :

— Notre frère Martial ne nous fait pas de cadeaux... parce qu'il n'a pas de quoi...

— S'il volait, il aurait de quoi — dit durement Nicolas ; — n'est-ce pas, François ?

— Oui, mon frère — répondit François ; puis il ajouta : — Oh ! le beau foulard !.. quelle jolie cravate pour le dimanche !

— Et moi, quelle belle marmotte ! — reprit Amandine.

— Sans compter que les enfants du chaufournier du four à plâtre rageront joliment en vous voyant passer — dit Calebasse; et elle examina les traits des enfants, pour voir s'ils comprendraient la méchante portée de ces paroles. L'abominable créature appelait la vanité à son aide pour étouffer les derniers scrupules de ces malheureux. — Les enfants du chaufournier — reprit-elle — auront l'air de mendiants, ils en crèveront de jalousie; car vous autres... avec vos beaux mouchoirs de soie, vous aurez l'air de petits bourgeois!

— Tiens! c'est vrai — reprit François; — alors je suis bien plus content de ma belle cravate, puisque les petits chaufourniers rageront de ne pas en avoir une pareille... n'est-ce pas, Amandine?

— Moi, je suis contente d'avoir ma belle marmotte... voilà tout...

— Aussi, toi, tu ne seras jamais qu'une colasse! — dit dédaigneusement Calebasse; puis, prenant sur la table du pain et un morceau de fromage, elle le donna aux enfants, et leur dit:

— Montez vous coucher... Voilà une lanterne, prenez garde au feu, et éteignez-la avant de vous endormir.

— Ah çà ! — ajouta Nicolas — rappelez-vous bien que si vous avez le malheur de parler à Martial de la caisse, des saumons de cuivre et des hardes, vous aurez une danse que le feu y prendra; sans compter que je vous retirerai les foulards.

Après le départ des enfants, Nicolas et sa sœur enfouirent les hardes, la caisse d'étoffes et les saumons de cuivre au fond d'un petit caveau, surbaissé de quelques marches, qui s'ouvrait dans la cuisine, non loin de la cheminée.

— Ah çà! la mère! à boire, et du chenu!.. — s'écria le bandit; — du cacheté, de l'eau-de-vie!... J'ai bien gagné ma journée... Sers le souper, Calebasse; Martial rongera nos os, c'est bon pour lui... Jasons maintenant du bourgeois du quai de Billy, car demain ou après-demain il faut que ça chauffe, si je veux empocher l'argent qu'il a promis... Je vas te conter ça, la mère... Mais à boire, tonnerre!.. à boire... c'est moi qui régale !

Et Nicolas fit de nouveau bruire les pièces de cent sous qu'il avait dans sa poche; puis, jetant au loin sa peau de bouc, son bonnet de laine noire, il s'assit à table devant un énorme plat de ragoût de mouton, un morceau de veau froid et une salade.

Lorsque Calebasse eut apporté du vin et de l'eau-de-vie, la veuve, toujours impassible et sombre, s'assit d'un côté de la table, ayant Nicolas à sa droite, sa fille à sa gauche; en face d'elle étaient les places inoccupées de Martial et des deux enfants.

Le bandit tira de sa poche un large et long couteau catalan à manche de corne, à lame aiguë. Contemplant cette arme meurtrière avec une sorte de satisfaction féroce, il dit à la veuve :

— *Coupe-sifflet* tranche toujours bien !... Passez-moi le pain, la mère !

— A propos de couteau — dit Calebasse — François s'est aperçu de la chose... dans le bûcher.

— De quoi ? — dit Nicolas sans la comprendre.

— Il a vu un des pieds...

— De l'homme? — s'écria Nicolas.

— Oui — dit la veuve en mettant une tranche de viande dans l'assiette de son fils.

— C'est drôle!... la fosse était pourtant bien profonde — dit le brigand; — mais depuis le temps... la terre aura tassé...

— Il faudra cette nuit jeter tout à la rivière — dit la veuve.

— C'est plus sûr — répondit Nicolas.

— On y attachera un pavé avec un brin de vieille chaîne de bateau — dit Calebasse.

— Pas si bête!... — répondit Nicolas en se versant à boire; — puis, s'adressant à la veuve, tenant la bouteille haute : — Voyons, trinquez avec nous, ça vous égaiera, la mère!

La veuve secoua la tête, recula son verre, et dit à son fils :

— Et l'homme du quai de Billy?

— Voilà la chose... — dit Nicolas, sans s'interrompre de manger et de boire... — En arrivant à la gare, j'ai attaché mon bachot et j'ai monté au quai; sept heures sonnaient à la boulangerie militaire de Chaillot; on ne s'y voyait pas à quatre pas. Je me promenais le long du parapet depuis un quart d'heure, lorsque j'entends marcher doucement derrière moi; je ralentis; un homme embaluchonné dans un manteau s'approche de moi en toussotant; je m'arrête, il s'arrête... Tout ce que je sais de sa figure, c'est que son manteau lui cachait le nez, et son chapeau les yeux.

(Nous rappellerons au lecteur que ce personnage mystérieux était Jacques Ferrand le notaire, qui, voulant se défaire de Fleur-de-Marie, avait, le matin même, dépêché madame Séraphin chez les Martial, dont il espérait faire les instruments de ce nouveau crime.)

« — *Bradamanti*, me dit le bourgeois — reprit Nicolas — c'était le mot de passe convenu avec la vieille, pour me reconnaître avec le particulier. *Ravageur*, que je lui réponds, comme c'était encore convenu.

» — Vous vous appelez Martial? — me dit-il.

» — Oui, bourgeois.

» — Il est venu ce matin une femme à votre île; que vous a-t-elle dit?

» — Que vous aviez à me parler de la part de M. Bradamanti.

» — Voulez-vous gagner de l'argent?

» — Oui, bourgeois... beaucoup.

» — Vous avez un bateau?

» — Nous en avons quatre, bourgeois, c'est notre partie : bachoteurs et ravageurs de père en fils, à votre service.

» — Voilà ce qu'il faudrait faire... si vous n'avez pas peur...

» — Peur... de quoi, bourgeois?

» — De voir quelqu'un *se noyer par accident*... seulement il s'agirait d'aider à l'accident... comprenez-vous?

» — Ah çà! bourgeois, faut donc faire boire un particulier à même la Seine, comme par hasard?.. ça me va... mais comme c'est un fricot délicat, ça coûte cher d'assaisonnement...

» — Combien... pour deux?...

» — Pour deux... il y aura deux personnes à mettre au court bouillon dans la rivière?

» — Oui...

» — Cinq cents francs par tête... bourgeois... c'est pas cher!

» — Va pour mille francs...

» — Payés d'avance, bourgeois?

» — Deux cents francs d'avance, le reste après...

» — Vous vous défiez de moi, bourgeois?

» — Non; vous pouvez empocher mes deux cents francs sans remplir nos conventions.

» — Et vous, bourgeois, une fois le coup fait, quand je vous demanderai les huit cents francs, vous pouvez me répondre : Merci, je sors d'en prendre!

» — C'est une chance; ça vous convient-il, oui ou non? deux cents francs comptant, et après-demain soir, ici à neuf heures, je vous remettrai huit cents francs.

» — Et qui vous dira que j'aurai fait boire les deux personnes?

» — Je le saurai... ça me regarde... est-ce dit?

» — C'est dit, bourgeois.

» — Voilà deux cents francs... Maintenant, écoutez-moi : Vous reconnaîtrez bien la vieille femme qui est allée vous trouver ce matin?

» — Oui, bourgeois.

» — Demain ou après-demain, au plus

tard, vous la verrez venir, vers les quatre heures du soir sur la rive en face de votre île, avec une jeune fille blonde; la vieille vous fera un signal en agitant un mouchoir.

» — Oui, bourgeois.

» — Combien faut-il de temps pour aller de la rive à votre île?

» — Vingt bonnes minutes.

» — Vos bateaux sont à fond plat?

» — Plat comme la main, bourgeois.

» — Vous pratiquerez adroitement une sorte de large soupape dans le fond de l'un de ces bateaux, afin de pouvoir, en ouvrant cette soupape, la faire couler à volonté en un clin-d'œil... Comprenez-vous?

» — Très-bien, bourgeois; vous êtes malin! J'ai justement un vieux bateau à moitié pourri; je voulais le déchirer... il sera bon pour ce dernier voyage.

» — Vous partez donc de votre île avec ce bateau à soupape; un bon bateau vous suit, conduit par quelqu'un de votre famille. Vous abordez, vous prenez la vieille femme et la jeune fille blonde à bord du bateau troué, et vous regagnez votre île; mais, à une distance raisonnable du rivage, vous feignez de vous baisser pour raccommoder quelque chose, vous ouvrez la soupape et vous sautez lestement dans l'autre bateau, pendant que la vieille femme et la jeune fille blonde...

» — Boivent à la même tasse... ça y est... bourgeois !

» — Mais êtes-vous sûr de n'être pas dérangé?... S'il venait des pratiques dans votre cabaret?...

» — Il n'y a pas de crainte, bourgeois. A cette heure-là, et en hiver surtout, il n'en vient jamais... c'est notre morte saison; et il en viendrait, qu'ils ne seraient pas gênants... au contraire... c'est tous des amis connus...

» — Très-bien ! D'ailleurs vous ne vous compromettez en rien ; le bateau sera censé couler par vétusté, et la vieille femme qui vous aura amené la jeune fille disparaîtra avec elle. Enfin, pour bien vous assurer que toutes deux seront noyées (toujours par accident) vous pourrez, si elles revenaient sur l'eau, ou si elles s'accrochaient au bateau, avoir l'air de faire tous vos efforts pour les secourir, et...

» — Et les aider... à replonger. Bien, bourgeois !

» — Il faudra même que la promenade se fasse après le soleil couché, afin que la nuit soit noire lorsqu'elles tomberont à l'eau.

» — Non, bourgeois; car si on n'y voit pas clair, comment saura-t-on si les deux femmes ont bu leur soûl ou si elles en veulent encore?

» — C'est juste; alors l'accident aura lieu avant le coucher du soleil.

» — A la bonne heure, bourgeois; mais la vieille ne se doutera de rien?

» — Non... En arrivant, elle vous dira à l'oreille : — *Il faut noyer la petite; un peu avant de faire enfoncer le bateau, faites-moi signe pour que je sois prête à me sauver avec vous.* Vous répondrez à la vieille de manière à éloigner ses soupçons.

» — De façon qu'elle croira mener la petite blonde boire?...

» — Et qu'elle boira avec la petite blonde.

» — C'est crânement arrangé, bourgeois.

» — Et surtout que la vieille ne se doute de rien!...

» — Calmez-vous, bourgeois, elle avalera ça doux comme miel.

» — Allons, bonne chance, mon garçon! Si je suis content, peut-être je vous emploierai encore!

» — A votre service, bourgeois! »

— Là-dessus — dit le brigand en terminant sa narration — j'ai quitté l'homme au manteau, j'ai regagné mon bateau, et, en passant devant la galiote, j'ai rafflé le butin de tout à l'heure.

On voit, par le récit de Nicolas, que le notaire voulait, au moyen d'un double crime, se débarrasser à la fois de Fleur-de-Marie et de madame Séraphin, en faisant tomber celle-ci dans le piége qu'elle croyait seulement tendu à la Goualeuse.

Avons-nous besoin de répéter que, craignant à juste titre que la Chouette n'apprît d'un moment à l'autre à Fleur-de-Marie qu'elle avait été abandonnée par madame Séraphin, Jacques Ferrand se croyait un puissant intérêt à faire disparaître cette jeune fille, dont les réclamations auraient pu le frapper mortellement et dans sa fortune et dans sa réputation?

Quant à madame Séraphin, le notaire, en la sacrifiant, se défaisait de l'un des deux complices (Bradamanti était l'autre) qui pouvaient le perdre en se perdant eux-mêmes, il est vrai; mais Jacques Ferrand croyait ses secrets mieux gardés par la tombe que par l'intérêt personnel.

La veuve du supplicié et Calebasse avaient attentivement écouté Nicolas, qui ne s'était interrompu que pour boire avec excès. Aussi commençait-il à parler avec une exaltation singulière :

— Ça n'est pas tout — reprit-il; — j'ai emmanché une autre affaire avec la Chouette et Barbillon, de la rue aux Fèves. C'est un fameux coup, crânement monté; et si nous ne le manquons pas, il y aura de quoi frire, je m'en vante. Il s'agit de dépouiller une courtière en diamants, qui a quelquefois pour des cinquante mille francs de pierreries dans son cabas.

— Cinquante mille francs! — s'écrièrent la

mère et la fille, dont les yeux étincelèrent de cupidité.

— Oui... rien que ça... Bras-Rouge en sera. Hier il a déjà empaumé la courtière par une lettre que nous lui avons portée nous deux Barbillon, boulevard Saint-Denis. C'est un fameux homme que Bras-Rouge! Comme il a de quoi, on ne se méfie pas de lui. Pour amorcer la courtière, il lui a déjà vendu un diamant de quatre cents francs. Elle ne se défiera pas de venir, à la tombée du jour, dans son cabaret des Champs-Élysées. Nous serons-là cachés. Calebasse viendra aussi, elle gardera mon bateau le long de la Seine. S'il faut emballer la courtière morte ou vive, ça sera une voiture commode et qui ne laisse pas de traces. En voilà un plan!... Gueux de Bras-Rouge, quelle sorbonne!

— Je me défie toujours de Bras-Rouge — dit la veuve. — Après l'affaire de la rue Montmartre, ton frère Ambroise a été à Toulon et Bras-Rouge a été relâché.

— Parce qu'il n'y avait pas de preuves contre lui; il est si malin!... Mais trahir les autres... jamais!

LE PIRATE D'EAU DOUCE.

La veuve secoua la tête, comme si elle n'eût été qu'à demi convaincue de la *probité* de Bras-Rouge.

Après quelques moments de réflexion, elle dit :

— J'aime mieux l'affaire du quai de Billy pour demain ou après-demain soir... la noyade des deux femmes... Mais Martial nous gênera... comme toujours...

— Le tonnerre du diable ne nous débarrassera donc pas de lui !... — s'écria Nicolas à moitié ivre, en plantant avec fureur son long couteau dans la table.

— J'ai dit à ma mère que nous en avions assez, que ça ne pouvait pas durer — reprit Calebasse. — Tant qu'il sera ici, on ne pourra rien faire des enfants...

— Je vous dis qu'il est capable de nous dénoncer un jour ou l'autre, le brigand ! — dit Nicolas. — Vois-tu, la mère... si tu m'en avais cru... — ajouta-t-il d'un air farouche et significatif, en regardant sa mère — tout serait dit...

— Il y a d'autres moyens.

— C'est le meilleur ! — dit le brigand.

— Maintenant... non — répondit la veuve d'un ton si absolu que Nicolas se tut, dominé par l'influence de sa mère, qu'il savait aussi criminelle, aussi méchante, mais encore plus déterminée que lui.

La veuve ajouta:

— Demain matin il quittera l'île pour toujours.

— Comment? — dirent à la fois Calebasse et Nicolas.

— Il va rentrer; c herhez-lui querelle... mais hardiment, en face... comme vous n'avez jamais osé le faire... Venez-en aux coups, s'il le faut... Il est fort... mais vous serez deux, et je vous aiderai... Surtout, pas de couteaux!.. pas de sang... qu'il soit battu, pas blessé.

— Et puis après, la mère? — demanda Nicolas.

— Après... on s'expliquera... Nous lui dirons de quitter l'île demain... sinon que tous les jours la scène de ce soir recommencera... Je le connais, ces batteries continuelles le dégoûteront. Jusqu'à présent on l'a laissé trop tranqu lle...

— Mais il est entêté comme un mulet, il est

capable de vouloir rester tout de même à cause des enfants... — dit Calebasse.

— C'est un gueux fini... mais une batterie ne lui fait pas peur — dit Nicolas.

— Une... oui — dit la veuve — mais tous les jours, tous les jours... c'est l'enfer... il cédera...

— Et s'il ne cédait pas?

— Alors j'ai un autre moyen sûr de le forcer à partir cette nuit, ou demain matin au plus tard — reprit la veuve avec un sourire étrange.

— Vraiment, la mère?

— Oui, mais j'aimerais mieux l'effrayer par les batteries; si je n'y réussissais pas, alors... à l'autre moyen.

— Et si l'autre moyen ne réussissait pas non plus, la mère? — dit Nicolas...

— Il y en a un dernier qui réussit toujours — répondit la veuve.

Tout à coup la porte s'ouvrit, Martial entra.

Il ventait si fort au dehors, qu'on n'avait pas entendu les aboiements des chiens annoncer le retour du fils aîné de la veuve du supplicié.

CHAPITRE III.

.LA MÈRE ET LE FILS.

Ignorant les mauvais desseins de sa famille, Martial entra lentement dans la cuisine.

Quelques mots de la Louve, dans son entretien avec Fleur-de-Marie, ont déjà fait connaître la singulière existence de cet homme.

Doué de bons instincts naturels, incapable d'une action positivement basse ou méchante, Martial n'en menait pas moins une conduite peu régulière. Il pêchait en fraude, et sa force, son audace, inspiraient assez de crainte aux garde-pêches pour qu'ils fermassent les yeux sur son braconnage de rivière.

A cette industrie déjà très-peu légale, Martial en joignait une autre fort illicite.

Bravo redouté, il se chargeait volontiers,

plus encore par excès de courage, par *crânerie*, que par cupidité, de venger dans des rencontres de pugilat ou de bâton les victimes d'adversaires d'une force trop inégale ; il faut dire que Martial choisissait d'ailleurs avec assez de droiture les *causes* qu'il plaidait à coups de poing ; généralement il prenait le parti du faible contre le fort.

L'amant de la Louve ressemblait beaucoup à François et à Amandine ; il était de taille moyenne, mais robuste, large d'épaules ; ses épais cheveux roux, coupés en brosse, formaient cinq pointes sur son front bien ouvert ; sa barbe épaisse, drue et courte, ses joues larges, son nez saillant carrément accusé, ses yeux bleus et hardis, donnaient à ce mâle visage une expression singulièrement résolue.

Il était coiffé d'un vieux chapeau ciré ; malgré le froid, il ne portait qu'une mauvaise blouse bleue par-dessus sa veste et son pantalon de gros velours de coton tout usé. Il tenait à la main un énorme bâton noueux, qu'il déposa près de lui sur le buffet.

Un gros chien basset, à jambes torses, au pelage noir marqué de feux très-vifs, était entré avec Martial ; mais il restait auprès de la porte, n'osant s'approcher ni du feu, ni des convives déjà attablés, l'expérience ayant prouvé au vieux *Miraut* (c'était le nom du basset, ancien compagnon de braconnage de Martial) qu'il était, ainsi que son maître, très-peu sympathique à la famille.

— Où sont donc les enfants ?

Tels furent les premiers mots de Martial lorsqu'il s'assit à table.

— Ils sont où ils sont — répondit aigrement Calebasse.

— Où sont les enfants, ma mère ? — reprit Martial sans s'inquiéter de la réponse de sa sœur.

— Ils sont couchés — reprit sèchement la veuve.

— Est-ce qu'ils n'ont pas soupé, ma mère ?

— Qu'est-ce que ça te fait, à toi ? — s'écria brutalement Nicolas, après avoir bu un grand verre de vin pour augmenter son audace ; car le caractère et la force de son frère lui imposaient beaucoup.

Martial, aussi indifférent aux attaques de

Nicolas qu'à celles de Calebasse, dit de nouveau à sa mère :

— Je suis fâché que les enfants soient déjà couchés.

— Tant pis... — répondit la veuve.

— Oui, tant pis!.. car j'aime à les avoir à côté de moi, quand je soupe.

— Et nous, comme ils nous embêtent, nous les avons renvoyés — s'écria Nicolas. — Si ça ne te plaît pas, va-t'en les retrouver !

Martial, surpris, regarda fixement son frère.

Puis, comme s'il eût réfléchi à la vanité d'une querelle, il haussa les épaules, coupa un morceau de pain, et se servit une tranche de viande.

Le basset s'était approché de Nicolas, quoiqu'à distance *très-respectueuse;* le bandit, irrité de la dédaigneuse insouciance de son frère, et espérant lui faire perdre patience en frappant son chien, donna un furieux coup de pied à Miraut, qui poussa des cris lamentables.

Martial devint pourpre, serra dans ses mains contractées le couteau qu'il tenait, et frappa violemment sur la table ; mais, se con-

LA MÈRE ET LE FILS.

tenant encore, il appela son chien et lui dit doucement :

— Ici, Miraut.

Le basset vint se coucher aux pieds de son maître.

Cette modération contrariait les projets de Nicolas; il voulait pousser son frère à bout pour amener un éclat.

Il ajouta donc :

— Je n'aime pas les chiens, moi... je ne veux pas que ton chien reste ici !..

Pour toute réponse, Martial se versa un verre de vin, et but lentement.

Échangeant un coup d'œil rapide avec Nicolas, la veuve l'encouragea d'un signe à continuer ses hostilités contre Martial, espérant, nous l'avons dit, qu'une violente querelle amènerait une rupture et une séparation complète.

Nicolas alla prendre la baguette de saule dont s'était servie la veuve pour battre François, et, s'avançant vers le basset, il le frappa rudement en disant :

— Hors d'ici, hé, Miraut !

Jusqu'alors Nicolas s'était souvent montré

sournoisement agressif envers Martial; mais jamais il n'avait osé le provoquer avec tant d'audace et de persistance.

L'amant de la Louve, pensant qu'on voulait le pousser à bout, dans quelque but caché, redoubla de modération.

Au cri de son chien battu par Nicolas, Martial se leva, ouvrit la porte de la cuisine, mit le basset dehors, et revint continuer son souper.

Cette incroyable patience, si peu en harmonie avec le caractère ordinairement emporté de Martial, confondit ses agresseurs... ils se regardèrent, profondément surpris.

Lui, paraissant complétement étranger à ce qui se passait, mangeait glorieusement et gardait un profond silence.

— Calebasse, ôte le vin — dit la veuve à sa fille.

Celle-ci se hâtait d'obéir, lorsque Martial dit :

— Attends... je n'ai pas fini de souper.

— Tant pis ! dit la veuve en enlevant elle-même la bouteille.

— Ah !... c'est différent !... — reprit l'amant de la Louve.

Et se versant un grand verre d'eau, il le but, fit claquer sa langue contre son palais, et dit :

— Voilà de fameuse eau !

Cet imperturbable sang-froid irritait la colère haineuse de Nicolas, déjà très-exalté par de nombreuses libations ; néanmoins il reculait encore devant une attaque directe, connaissant la force peu commune de son frère ; tout à coup il s'écria, ravi de son inspiration :

— Tu as bien fait de céder pour ton basset, Martial ; c'est une bonne habitude à prendre ; car il faut t'attendre à nous voir chasser ta maîtresse à coups de pied, comme nous avons chassé ton chien.

— Oh ! oui... car si sa Louve avait le malheur de venir dans l'île en sortant de prison —dit Calebasse qui comprit l'intention de Nicolas—c'est moi qui la souffletterais drôlement !

— Et moi je lui ferais faire un plongeon dans la vase, près la baraque du bout de l'île

— ajouta Nicolas. — Et si elle en ressortait, je la renfoncerais dedans à coups de soulier... la carne...

Cette insulte adressée à la Louve, qu'il aimait avec une passion sauvage, triompha des pacifiques résolutions de Martial; il fronça ses sourcils, le sang lui monta au visage, les veines de son front se gonflèrent et se tendirent comme des cordes; néanmoins il eut assez d'empire pour dire à Nicolas d'une voix légèrement altérée par une colère contenue :

— Prends garde à toi... tu cherches une querelle et tu trouveras une tournée que tu ne cherches pas.

— Une tournée... à moi?

— Oui... meilleure que la dernière.

— Comment ! Nicolas — dit Calebasse avec un étonnement sardonique — Martial t'a battu... Dites donc, ma mère, entendez-vous?... Ça ne m'étonne plus que Nicolas ait si peur de lui.

— Il m'a battu... parce qu'il m'a pris en traître — s'écria Nicolas devenant blême de fureur.

— Tu mens; tu m'avais attaqué en sournois, je t'ai crossé et j'ai eu pitié de toi ; mais si tu t'avises encore de parler de ma maîtresse... entends-tu bien, de ma maîtresse... cette fois-ci pas de grâce... tu porteras longtemps mes marques.

— Et si j'en veux parler, moi, de la Louve! — dit Calebasse...

— Je te donnerai une paire de calottes pour t'avertir, et si tu recommences... je recommencerai à t'avertir.

— Et si j'en parle, moi? — dit lentement la veuve.

— Vous?

— Oui... moi.

— Vous? — dit Martial en faisant un violent effort sur lui-même — vous?

— Tu me battras aussi, n'est-ce pas?

— Non, mais si vous me parlez de la Louve, je rosserai Nicolas ; maintenant, allez... ça vous regarde... et lui aussi...

— Toi — s'écria le bandit furieux en levant son dangereux couteau catalan — tu me rosseras!!

— Nicolas... pas de couteau! — s'écria la veuve en se levant promptement pour saisir le bras de son fils ; mais, celui-ci ivre de vin et de colère, se leva, repoussa rudement sa mère et se précipita sur son frère.

Martial se recula vivement, saisit le gros bâton noueux qu'il avait en entrant déposé sur le buffet, et se mit sur la défensive.

— Nicolas, pas de couteau ! — répéta la veuve.

— Laissez-le donc faire ! — cria Calebasse en s'armant de la hachette du ravageur.

Nicolas, brandissant toujours son formidable couteau, épiait le moment de se jeter sur son frère.

— Je te dis — s'écria-t-il — que toi et ta canaille de Louve je vous crèverai tous les deux, et je commence... A moi, ma mère !... à moi, Calebasse !... refroidissons-le, il y a trop long-temps qu'il dure !

Et, croyant le moment favorable à son attaque, le brigand s'élança sur son frère le couteau levé.

Martial, bâtonniste expert, fit une brusque retraite de corps, leva son bâton qui, rapide comme la foudre, décrivit en sifflant un huit de chiffre et retomba si pesamment sur l'avant-bras droit de Nicolas, que celui-ci, frappé d'un engourdissement subit, douloureux, laissa échapper son couteau.

— Brigand... tu m'as cassé le bras ! — s'écria-t-il en saisissant de sa main gauche son bras droit qui pendait inerte à son côté.

— Non, j'ai senti mon bâton rebondir... — répondit Martial en envoyant d'un coup de pied le couteau sous le buffet.

Puis, profitant de la souffrance qu'éprouvait Nicolas, il le prit au collet, le poussa rudement en arrière, jusqu'à la porte du petit caveau dont nous avons parlé, l'ouvrit d'une main, de l'autre y jeta et y enferma son frère, encore tout étourdi de cette brusque attaque.

Revenant ensuite aux deux femmes, il saisit Calebasse par les épaules et, malgré sa résistance, ses cris et un coup de hachette qui le blessa légèrement à la main, il l'enferma dans la salle basse du cabaret qui communiquait à la cuisine.

Alors, s'adressant à la veuve encore stupéfaite de cette manœuvre aussi habile qu'inattendue, Martial lui dit froidement :

— Maintenant, ma mère... à nous deux...

— Eh bien ! oui... à nous deux... — s'écria la veuve — et sa figure impassible s'anima, son teint blafard se colora, un feu sombre illumina sa prunelle jusqu'alors éteinte, la colère, la haine donnèrent à ses traits un caractère terrible ; — oui... à nous deux !... — reprit-elle d'une voix menaçante — j'attendais ce moment, tu vas savoir à la fin ce que j'ai sur le cœur.

— Et moi aussi, je vais vous dire ce que j'ai sur le cœur.

— Tu vivrais cent ans, vois-tu, que tu te souviendrais de cette nuit...

— Je m'en souviendrai !... Mon frère et ma sœur ont voulu m'assassiner, vous n'avez rien fait pour les en empêcher. Mais voyons... parlez... qu'avez-vous contre moi ?

— Ce que j'ai ?...

— Oui...

— Depuis la mort de ton père... tu n'as fait que des lâchetés !

— Moi ?

— Oui, lâche !... Au lieu de rester avec nous pour nous soutenir, tu t'es sauvé à

Rambouillet, braconner dans les bois avec ce colporteur de gibier que tu avais connu à Bercy.

— Si j'étais resté ici, maintenant je serais aux galères comme Ambroise, ou près d'y aller comme Nicolas ; je n'ai pas voulu être voleur comme vous autres... de là votre haine.

— Et quel métier fais-tu ? Tu volais du gibier, tu voles du poisson ; vol sans danger, vol de lâche !...

— Le poisson comme le gibier n'appartient à personne, aujourd'hui chez l'un, demain chez l'autre ; il est à qui sait le prendre... Je ne vole pas.. Quant à être lâche...

— Tu bats pour de l'argent des hommes plus faibles que toi !

— Parce qu'ils avaient battu plus faibles qu'eux.

— Métier de lâche !... métier de lâche !...

— Il y en a de plus honnêtes, c'est vrai ; ce n'est pas à vous à me le dire !

— Pourquoi ne les as-tu pas pris alors, ces métiers honnêtes, au lieu de venir ici fainéantiser et vivre à mes crochets ?

— Je vous donne le poisson que je prends

et l'argent que j'ai !... ça n'est pas beaucoup, mais c'est assez... je ne vous coûte rien... J'ai essayé d'être serrurier pour gagner plus... mais quand depuis son enfance on a vagabondé sur la rivière et dans les bois, on ne peut pas s'attacher ailleurs ; c'est fini... on en a pour sa vie... Et puis... — ajouta Martial d'un air sombre — j'ai toujours mieux aimé vivre seul sur l'eau ou dans une forêt... là personne ne me questionne. Au lieu qu'ailleurs, qu'on me parle de mon père, faut-il pas que je réponde... guillotiné ! de mon frère... galerien ! de ma sœur... voleuse !

— Et de ta mère, qu'en dis-tu ?

— Je dis...

— Quoi ?

— Je dis qu'elle est morte...

— Et tu fais bien ; c'est tout comme... Je te renie, lâche ! Ton frère est au bagne ! Ton grand-père et ton père ont bravement fini sur l'échafaud en narguant le prêtre et le bourreau ! Au lieu de les venger, tu trembles !...

— Les venger ?...

— Oui, te montrer *vrai Martial*, cracher sur le couteau de Charlot et sur la casaque rouge, et finir comme père et mère, frère et sœur...

Si habitué qu'il fût aux exaltations féroces de sa mère, Martial ne put s'empêcher de frissonner.

La physionomie de la veuve du supplicié, en prononçant ces derniers mots, était épouvantable.

Elle reprit avec une fureur croissante :

— Oh! lâche, encore plus crétin que lâche! Tu veux être honnête!!! Honnête? est-ce que tu ne seras pas toujours méprisé, rebuté, comme fils d'assassin, frère de galérien ; mais toi, au lieu de te mettre la vengeance et la rage au ventre, ça t'y met la peur! au lieu de mordre, tu te sauves; quand ils ont eu guillotiné ton père... tu nous as quittés... lâche! Et tu savais que nous ne pouvions pas sortir de l'île pour aller au bourg sans qu'on hurle après nous, en nous poursuivant à coups de pierre comme des chiens enragés... Oh! on nous paiera ça, vois-tu! on nous paiera ça!!!

— Un homme, dix hommes ne me font pas peur!.mais être hué par tout le monde comme fils et frère de condamné... eh bien, non! je n'ai pas pu... j'ai mieux aimé m'en aller dans les bois braconner avec Pierre, le vendeur de gibier.

— Fallait y rester... dans tes bois.

— Je suis revenu à cause de mon affaire avec un garde, et surtout à cause des enfants... parce qu'ils étaient en âge de tourner à mal, par l'exemple!

— Qu'est-ce que ça te fait?

— Ça me fait... que je ne veux pas qu'ils deviennent des gueux comme Ambroise, Nicolas et Calebasse...

— Pas possible!

— Et seuls, avec vous tous, ils n'y auraient pas manqué. Je m'étais mis en apprentissage pour tâcher de gagner de quoi les prendre avec moi... ces enfants, et quitter l'île... mais à Paris tout se sait, c'était toujours fils de guillotiné... frère de forçat... j'avais des batteries tous les jours... ça m'a lassé...

— Et ça ne t'a pas lassé d'être honnête... ça te réussissait si bien!... au lieu d'avoir le cœur de revenir avec nous, pour faire comme nous... comme feront les enfants... malgré toi... oui, malgré toi... Tu crois les enjôler avec ton prêche... mais nous sommes là... François est déjà à nous... à peu près... une occasion, et il sera de la bande...

— Je vous dis que non...

— Tu verras que si... je m'y connais... Au fond *il a du vice;* mais tu le gênes... Quant à Amandine, une fois qu'elle aura quinze ans, elle ira toute seule... Ah! on nous a jeté des pierres! ah! on nous a poursuivis comme des chiens enragés!... on verra ce que c'est que notre famille... excepté toi... lâche... car ici il n'y a que toi qui nous fasses honte (1)!

---

(1) Ces effroyables enseignements ne sont malheureusement pas exagérés. Voilà ce que nous lisons dans l'excellent rapport de M. de Bretignères sur la colonie pénitentiaire de Mettray (séance du 12 mars 1843):

« L'état civil de nos colons est important à constater; parmi eux nous comptons: 32 enfants naturels, 34 dont les pères et mères sont remariés, 51 *dont les parents sont en prison,* 124 dont les parents n'ont pas été l'objet de poursuites de la justice, mais sont plongés dans la plus profonde misère.

» Ces chiffres sont éloquents et gros d'enseignements; ils permettent de remonter des effets aux causes, et donnent l'espoir d'arrêter les progrès d'un mal dont l'origine est ainsi constatée.

» Le nombre *des parents criminels fait apprécier l'éducation*

— C'est dommage...

— Et comme tu te gâterais avec nous... demain tu sortiras d'ici pour n'y jamais rentrer...

Martial regarda sa mère avec surprise; après un moment de silence, il lui dit :

— Vous m'avez cherché querelle à souper pour en arriver là ?

— Oui, pour te montrer ce qui t'attend, si tu voulais rester ici malgré nous : un enfer... entends-tu ?.. un enfer !.. chaque jour une querelle, des coups, des rixes, et nous ne serons pas seuls comme ce soir : nous aurons des amis qui nous aideront... tu n'y tiendras pas huit jours...

— Vous croyez me faire peur ?

— Je ne te dis que ce qui t'arrivera...

— Ça m'est égal... je reste...

qu'ont dû recevoir les enfants sous la tutelle de semblables guides. Instruits au mal par leurs pères, les fils ont failli sous leurs ordres, et ont cru bien faire en suivant leur exemple. Atteints par la justice, ils se résignent à partager dans la prison le destin de leur famille ; ils n'y apportent que l'émulation du vice, et il faut vraiment qu'une lueur de la grâce divine existe encore au fond de ces rudes et grossières natures pour que tous germes honnêtes ne soient pas éteints. »

— Tu resteras ici ?
— Oui.
— Malgré nous ?
— Malgré vous, malgré Calebasse, malgré Nicolas, malgré tous les gueux de sa trempe !
— Tiens... tu me fais rire.

Dans la bouche de cette femme à figure sinistre et féroce ces mots étaient horribles.

— Je vous dis que je resterai ici jusqu'à ce que je trouve le moyen de gagner ma vie ailleurs avec les enfants ; seul, je ne serais pas embarrassé, je retournerais dans les bois ; mais, à cause d'eux, il me faudra plus de temps... pour rencontrer ce que je cherche... En attendant, je reste.

— Ah ! tu restes... jusqu'au moment où tu emmèneras les enfants ?

— Comme vous dites !

— Emmener les enfants ?

— Quand je leur dirai : Venez, ils viendront... et en courant, je vous en réponds.

La veuve haussa les épaules, et reprit :

— Écoute : je t'ai dit tout à l'heure que, quand bien même tu vivrais cent ans, tu te rappellerais cette nuit ; je vais t'expliquer

6.

pourquoi ; mais avant es-tu bien décidé à ne pas t'en aller d'ici ?

— Oui ! oui ! mille fois, oui !

— Tout à l'heure tu diras non ! mille fois, non ! Écoute-moi bien... Sais-tu quel métier fait ton frère ?

— Je m'en doute, mais je ne veux pas le savoir...

— Tu le sauras... il vole...

— Tant pis pour lui.

— Et pour toi...

— Pour moi ?

— Il vole la nuit avec effraction, cas de galères ; nous recélons ses vols ; qu'on le découvre, nous sommes condamnés à la même peine que lui comme recéleurs, et toi aussi ; on rafle la famille, et les *enfants* seront sur le pavé, où ils apprendront l'état de ton père et de ton grand-père aussi bien qu'ici.

— Moi, arrêté comme recéleur, comme votre complice ! sur quelle preuve ?

— On ne sait pas comment tu vis : tu vagabondes sur l'eau, tu as la réputation d'un mauvais homme, tu habites avec nous ; à qui feras-tu croire que tu ignores nos vols et nos recels?

— Je prouverai que non.

— Nous te chargerons comme notre complice.

— Me charger! pourquoi?

— Pour te récompenser d'avoir voulu rester ici malgré nous.

— Tout à l'heure vous vouliez me faire peur d'une façon, maintenant c'est d'une autre; ça ne prend pas, je prouverai que je n'ai jamais volé... Je reste.

— Ah! tu restes? Écoute donc encore : te rappelles-tu, l'an dernier... ce qui s'est passé ici pendant la nuit de Noël?

— La nuit de Noël? — dit Martial en cherchant à rassembler ses souvenirs.

— Cherche bien... cherche bien...

— Je ne me rappelle pas...

— Tu ne te rappelles pas que Bras-Rouge a amené ici, le soir, un homme bien mis, qui avait besoin de se cacher?..

— Oui, maintenant je me souviens; je suis monté me coucher, et je l'ai laissé souper avec vous... Il a passé la nuit dans la maison ; avant le jour, Nicolas l'a conduit à Saint-Ouen...

— Tu es sûr que Nicolas l'a conduit à Saint-Ouen ?

— Vous me l'avez dit le lendemain matin.

— La nuit de Noël, tu étais donc ici ?

— Oui... eh bien ?

— Cette nuit-là... cet homme, qui avait beaucoup d'argent sur lui... a été assassiné dans cette maison.

— Lui !... ici ?...

— Et volé... et enterré dans le petit bûcher.

— Cela n'est pas vrai — s'écria Martial devenant pâle de terreur, et ne voulant pas croire à ce nouveau crime des siens. — Vous voulez m'effrayer... Encore une fois, ça n'est pas vrai !

— Demande à ton protégé François ce qu'il a vu ce matin dans le bûcher ?

— François ! et qu'a-t-il vu ?

— Un des pieds de l'homme qui sortait de terre... Prends la lanterne, vas-y, tu t'en assureras.

— Non — dit Martial en essuyant son front

baigné d'une sueur froide — non, je ne vous crois pas... Vous dites cela pour...

— Pour te prouver que, si tu demeures ici malgré nous, tu risques à chaque instant d'être arrêté comme complice de vol et de meurtre; tu étais ici la nuit de Noël; nous dirons que tu nous as aidés à faire le coup. Comment prouveras-tu le contraire?

— Mon Dieu! mon Dieu! — dit Martial en cachant sa figure dans ses mains.

— Maintenant t'en iras-tu? — dit la veuve avec un sourire sardonique.

Martial était atterré : il ne doutait malheureusement pas de ce que venait de lui dire sa mère; la vie vagabonde qu'il menait, sa cohabitation avec une famille si criminelle, devaient en effet faire peser sur lui de terribles soupçons, et ces soupçons pouvaient se changer en certitude aux yeux de la justice, si sa mère, son frère, sa sœur le désignaient comme leur complice.

La veuve jouissait de l'abattement de son fils.

— Tu as un moyen de sortir d'embarras : dénonce-nous!

— Je le devrais... Mais je ne le ferai pas... vous le savez bien.

— C'est pour cela que je t'ai tout dit... Maintenant t'en iras-tu?

Martial voulut tenter d'attendrir cette mégère; d'une voix moins rude il lui dit :

— Ma mère, je ne vous crois pas capable de ce meurtre...

— Comme tu voudras, mais va-t'en...

— Je m'en irai à une condition.

— Pas de condition!

— Vous mettrez les enfants en apprentissage... loin d'ici... en province...

— Ils resteront ici...

— Voyons, ma mère... quand vous les aurez rendus semblables à Nicolas, à Calebasse, à Ambroise, à mon père... à quoi ça vous servira-t-il?

— A faire de bons coups avec leur aide... Nous ne sommes pas déjà de trop... Calebasse reste ici avec moi pour tenir le cabaret... Nicolas est seul... une fois dressés, François et Amandine l'aideront; on leur a aussi jeté des pierres à eux, tout petits... faut qu'ils se vengent!..

— Ma mère, vous aimez Calebasse et Nicolas, n'est-ce pas?

— Après?

— Que les enfants les imitent... que vos crimes et les leurs se découvrent...

— Après?

— Ils vont à l'échafaud, comme mon père...

— Après, après?

— Et leur sort ne vous fait pas trembler?

— Leur sort sera le mien, ni meilleur ni pire... Je vole... ils volent; je tue... ils tuent; qui prendra la mère prendra les petits... Nous ne nous quitterons pas. Si nos têtes tombent elles tomberont dans le même panier... ou elles se diront adieu! Nous ne reculerons pas; il n'y a que toi de lâche dans la famille, nous te chassons... va-t'en!...

— Mais les enfants! les enfants!...

— Les enfants deviendront grands; je te dis que sans toi ils seraient déjà formés. François est presque prêt; quand tu seras parti, Amandine rattrapera le temps perdu...

— Ma mère, je vous en supplie, consentez à envoyer les enfants en apprentissage loin d'ici.

— Combien de fois faut-il te dire qu'ils y sont en APPRENTISSAGE ICI?..

La veuve du supplicié articula ces derniers mots d'une façon si inexorable, que Martial perdit tout espoir d'amollir cette âme de bronze.

— Puisque c'est ainsi — reprit-il d'un ton bref et résolu — écoutez-moi bien à votre tour, ma mère... Je reste.

— Ah! ah!..

— Pas dans cette maison... je serais assassiné par Nicolas ou empoisonné par Calebasse; mais, comme je n'ai pas de quoi me loger ailleurs, moi et les enfants, nous habiterons la baraque au bout de l'île; la porte est solide, je la renforcerai encore... Une fois là, bien barricadé, avec mon fusil, mon bâton et mon chien, je ne crains personne. Demain matin j'emmènerai les enfants; le jour, ils viendront avec moi, soit dans mon bateau, soit dehors; la nuit, ils coucheront près de moi dans la cabane; nous vivrons de ma pêche; ça durera jusqu'à ce que j'aie trouvé à les placer, et je trouverai...

— Ah! c'est ainsi?

— Ni vous, ni mon frère, ni Calebasse ne pouvez empêcher que ça soit, n'est-ce pas?... Si on découvre vos vols ou votre assassinat durant mon séjour dans l'île... tant pis, j'en cours la chance! j'expliquerai que je suis revenu, que je suis resté à cause des enfants, pour les empêcher de devenir des gueux... on jugera... Mais que le tonnerre m'écrase si je quitte l'île, et si les enfants restent un jour de plus dans cette maison!... Oui, et je vous défie, vous et les vôtres, de me chasser de l'île !

La veuve connaissait la résolution de Martial; les enfants aimaient leur frère aîné autant qu'ils la redoutaient; ils le suivraient donc sans hésiter lorsqu'il le voudrait. Quant à lui, bien armé, bien résolu, toujours sur ses gardes, dans son bateau pendant le jour, retranché et barricadé dans la cabane de l'île pendant la nuit, il n'avait rien à redouter des mauvais desseins de sa famille.

Le projet de Martial pouvait donc de tout point se réaliser... Mais la veuve avait beaucoup de raisons pour en empêcher l'exécution.

D'abord, ainsi que les honnêtes artisans

considèrent quelquefois le nombre de leurs enfants comme une richesse, en raison des services qu'ils en retirent, la veuve comptait sur Amandine et sur François pour l'assister dans ses crimes.

Puis, ce qu'elle avait dit de son désir de venger son mari et son fils était vrai. Certains êtres, nourris, vieillis, durcis dans le crime, entrent en révolte ouverte, en guerre acharnée contre la société, et croient par de nouveaux crimes se venger de la juste punition qui a frappé eux ou les leurs.

Puis enfin les sinistres desseins de Nicolas contre Fleur-de-Marie, et plus tard contre la courtière, pouvaient être contrariés par la présence de Martial. La veuve avait espéré amener une séparation immédiate entre elle et Martial, soit en lui suscitant la querelle de Nicolas, soit en lui révélant que, s'il s'obstinait à rester dans l'île, il risquait de passer pour complice de plusieurs crimes.

Aussi rusée que pénétrante, la veuve, s'apercevant qu'elle s'était trompée, sentit qu'il lui fallait recourir à la perfidie pour faire tomber son fils dans un piége sanglant... Elle reprit donc, après un assez long silence, avec une amertume affectée :

— Je vois ton plan, tu ne veux pas nous dénoncer toi-même ; tu veux nous faire dénoncer par les enfants.

— Moi !

— Ils savent maintenant qu'il y a un homme enterré ici ; ils savent que Nicolas a volé... Une fois en apprentissage, ils parleraient, on nous prendrait, et nous y passerions tous... toi comme nous ; voilà ce qui arriverait si je t'écoutais, si je te laissais chercher à placer les enfants ailleurs... Et pourtant tu dis que tu ne nous veux pas de mal !... Je ne te demande pas de m'aimer ; mais ne hâte pas le moment où nous serons pris.

Le ton radouci de la veuve fit croire à Martial que ses menaces avaient produit sur elle un effet salutaire, il donna dans un piége affreux.

— Je connais les enfants—reprit-il—je suis sûr qu'en leur recommandant de ne rien dire ils ne diraient rien... D'ailleurs, d'une façon ou d'une autre, je serais toujours avec eux et je répondrais de leur silence.

—Est-ce qu'on peut répondre des paroles d'un enfant... à Paris surtout, où l'on est si curieux et si bavard !... C'est autant pour qu'ils puissent nous aider à faire nos coups que pour qu'ils ne puissent pas nous vendre, que je veux les garder ici.

—Est-ce qu'ils ne vont pas quelquefois au bourg et à Paris? qui les empêcherait de parler... s'ils ont à parler?... S'ils étaient loin d'ici, à la bonne heure! ce qu'ils pourraient dire n'aurait aucun danger...

— Loin d'ici? et où ça ? — dit la veuve en regardant fixement son fils.

— Laissez-moi les emmener... peu vous importe...

— Comment vivras-tu, et eux aussi?

—Mon ancien bourgeois serrurier est brave homme; je lui dirai ce qu'il faudra lui dire, et peut-être qu'il me prêtera quelque chose à cause des enfants ; avec ça j'irai les mettre en apprentissage loin d'ici. Nous partons dans deux jours, et vous n'entendrez plus parler de nous...

— Non, au fait... je veux qu'ils restent avec moi, je serai plus sûre d'eux.

— Alors je m'établis demain à la baraque de l'île, en attendant mieux... J'ai une tête aussi, vous le savez ?..

— Oui, je le sais... oh ! que je te voudrais voir loin d'ici !.. Pourquoi n'es-tu pas resté dans tes bois ?

— Je vous offre de vous débarrasser de moi et des enfants...

— Tu laisseras donc ici la Louve, que tu aimes tant ?.. — dit tout à coup la veuve.

— Ça me regarde : je sais ce que j'ai à faire, j'ai mon idée...

— Si je te les laissais emmener, toi, Amandine et François vous ne remettriez jamais les pieds à Paris ?

— Avant trois jours nous serions partis et comme morts pour vous.

— J'aime encore mieux cela que de t'avoir ici et d'être toujours à me défier d'eux... Allons, puisqu'il faut s'y résigner, emmène-les... et allez-vous-en tous le plus tôt possible... que je ne vous revoie jamais !..

— C'est dit ?..

— C'est dit. Rends-moi la clef du caveau, que j'ouvre à Nicolas.

— Non, il y cuvera son vin; je vous rendrai la clef demain matin.

— Et Calebasse?

— C'est différent; ouvrez-lui quand je serai monté, elle me répugne à voir.

— Va... que l'enfer te confonde!

— C'est votre bonsoir, ma mère?

— Oui...

— Ça sera le dernier, heureusement — dit Martial.

— Le dernier — reprit la veuve.

Son fils alluma une chandelle, puis il ouvrit la porte de la cuisine, siffla son chien, qui accourut tout joyeux du dehors, et suivit son maître à l'étage supérieur de la maison.

— Va... ton compte est bon! — murmura la mère en montrant le poing à son fils, qui venait de monter l'escalier; — c'est toi qui l'auras voulu.

Puis, aidée de Calebasse, qui alla chercher un paquet de fausses clefs, la veuve crocheta le caveau où se trouvait Nicolas, et remit celui-ci en liberté.

CHAPITRE IV.

FRANÇOIS ET AMANDINE.

François et Amandine couchaient dans une pièce située immédiatement au-dessus de la cuisine, à l'extrémité d'un corridor sur lequel s'ouvraient plusieurs autres chambres servant de *cabinets de société* aux habitués du cabaret.

Après avoir partagé leur souper frugal, au lieu d'éteindre leur lanterne, selon les ordres de la veuve, les deux enfants avaient veillé, laissant leur porte entr'ouverte pour guetter leur frère Martial au passage, lorsqu'il rentrerait dans sa chambre.

Posée sur un escabeau boiteux, la lanterne jetait de pâles clartés à travers sa corne transparente.

Des murs de plâtre rayés de voliges brunes, un grabat pour François, un vieux petit lit d'enfant beaucoup trop court pour Amandine, une pile de débris de chaises et de bancs brisés par les hôtes turbulents de la taverne de l'*Ile du Ravageur*, tel était l'intérieur de ce réduit.

Amandine, assise sur le bord du grabat, s'étudiait à se coiffer en *marmotte* avec le foulard volé, don de son frère Nicolas.

François agenouillé présentait un fragment de miroir à sa sœur, qui, la tête à demi tournée, s'occupait alors d'épanouir la grosse rosette qu'elle avait faite en nouant les deux pointes du mouchoir.

Fort attentif et fort émerveillé de cette coiffure, François négligea un moment de présenter le morceau de glace de façon à ce que l'image de sa sœur pût s'y réfléchir.

— Lève donc le miroir plus haut — dit Amandine; — maintenant je ne me vois plus... Là... bien... attends encore un peu... voilà que j'ai fini... Tiens, regarde! Comment me trouves-tu coiffée?

— Oh! très-bien! très-bien!... Dieu! Oh! la

belle rosette!... Tu m'en feras une pareille à ma cravate, n'est-ce pas?

— Oui, tout à l'heure... mais laisse-moi me promener un peu. Tu iras devant moi... à reculons, en tenant toujours le miroir haut... pour que je puisse me voir en marchant...

François exécuta de son mieux cette manœuvre difficile, à la grande satisfaction d'Amandine, qui se prélassait, triomphante et glorieuse, sous les cornes et l'énorme bouffette de son foulard.

Très-innocente et très-naïve dans toute autre circonstance, cette coquetterie devenait coupable en s'exerçant à propos du produit d'un vol que François et Amandine n'ignoraient pas. Autre preuve de l'effrayante facilité avec laquelle des enfants, même bien doués, se corrompent presque à leur insu, lorsqu'ils sont continuellement plongés dans une atmosphère criminelle.

Et d'ailleurs le seul mentor de ces petits malheureux, leur frère Martial, n'était pas lui-même irréprochable, nous l'avons dit; incapable de commettre un vol ou un meurtre, il n'en menait pas moins une vie vagabonde et peu régulière. Sans doute les crimes de sa famille le révoltaient ; il aimait tendrement les deux enfants ; il les défendait contre les mauvais traitements ; il tâchait de les soustraire à la pernicieuse influence de sa famille ; mais, n'étant pas appuyés sur des enseignements d'une moralité rigoureuse, absolue, ses conseils sauvegardaient faiblement ses protégés. Ils se refusaient à commettre certaines mauvaises actions, non par honnêteté, mais pour obéir à Martial, qu'ils aimaient, et pour désobéir à leur mère, qu'ils redoutaient et haïssaient.

Quant aux notions du juste et de l'injuste, ils n'en avaient aucune, familiarisés qu'ils étaient avec les détestables exemples qu'ils avaient chaque jour sous les yeux, car, nous l'avons dit, *ce cabaret champêtre*, hanté par le rebut de la plus basse populace, servait de théâtre à d'ignobles orgies, à de crapuleuses débauches ; et Martial, si ennemi du vol et du meurtre, se montrait assez indifférent à ces immondes saturnales.

C'est dire combien les instincts de moralité des enfants étaient douteux, vacillants, précaires, chez François surtout, arrivé à ce terme dangereux où l'âme hésitant, indécise, entre le bien et le mal, peut être en un moment à jamais perdue ou sauvée...

. . . .

— Comme ce mouchoir rouge te va bien, ma sœur! — reprit François; — est-il joli! Quand nous irons jouer sur la grève devant le four à plâtre du chaufournier, faudra te coiffer comme ça, pour faire enrager ses enfants, qui sont toujours à nous jeter des pierres et à nous appeler *petits guillotinés*... Moi, je mettrai aussi ma belle cravate rouge, et nous leur dirons: C'est égal, vous n'avez pas de beaux mouchoirs de soie comme nous deux!

— Mais, dis donc, François... — reprit Amandine après un moment de réflexion — s'ils savaient que les mouchoirs que nous portons sont volés... ils nous appelleraient petits voleurs...

— Avec ça qu'ils s'en gênent de nous appeler voleurs!

— Quand c'est pas vrai... c'est égal... Mais maintenant...

— Puisque Nicolas nous les a donnés ces mouchoirs, nous ne les avons pas volés.

— Oui, mais lui, il les a pris sur un bateau, et notre frère Martial dit qu'il ne faut pas voler...

— Mais puisque c'est Nicolas qui a volé, ça ne nous regarde pas.

— Tu crois, François?

— Bien sûr...

— Pourtant, il me semble que j'aimerais mieux que la personne à qui ils étaient nous les ait donnés... Et toi, François?

— Moi, ça m'est égal... On nous en a fait cadeau; c'est à nous.

— Tu en es bien sûr?

— Mais, oui, oui, sois donc tranquille!

— Alors... tant mieux, nous ne faisons pas ce que mon frère Martial nous défend, et nous avons de beaux mouchoirs.

— Dis donc, Amandine, s'il savait que, l'autre jour, Calebasse t'a fait prendre ce fichu à carreaux dans la balle du colporteur pendant qu'il avait le dos tourné?

— Oh! François, ne dis pas cela! — dit la pauvre enfant dont les yeux se mouillèrent de larmes. — Mon frère Martial serait capable de ne plus nous aimer... vois-tu... de nous laisser tout seuls ici...

— N'aie donc pas peur... est-ce que je lui en parlerai jamais? Je riais...

— Oh! ne ris pas de cela, François; j'ai eu assez de chagrin, va : mais il a bien fallu ; ma sœur m'a pincée jusqu'au sang, et puis elle me faisait des yeux... des yeux... et pourtant par deux fois le cœur m'a manqué; je croyais que je ne pourrais jamais... Enfin, le colporteur ne s'est aperçu de rien, et ma sœur a gardé le fichu. Si on m'avait prise pourtant, François, on m'aurait mise en prison...

— On ne t'a pas prise, c'est comme si tu n'avais pas volé.

— Tu crois?

— Pardi!

— Et en prison, comme on doit être malheureux?

— Ah! bien oui... au contraire...

— Comment, François, au contraire?

— Tiens! tu sais bien le gros boiteux qui loge à Paris chez le père Micou, le revendeur de Nicolas... qui tient un garni à Paris, passage de la Brasserie?

— Un gros boiteux?

— Mais oui, qui est venu ici, à la fin de l'automne, de la part du père Micou, avec un montreur de singes et deux femmes.

— Ah! oui, oui; un gros boiteux qui a dépensé tant, tant d'argent.

— Je crois bien, il payait pour tout le monde... Te souviens-tu les promenades sur l'eau... c'est moi qui les menais... même que le montreur de singes avait emporté son orgue pour faire de la musique dans le bateau?..

— Et puis, le soir, le beau feu d'artifice qu'ils ont tiré, François?

— Et le gros boiteux n'était pas chiche! il m'a donné dix sous pour moi!! Il ne prenait jamais que du vin cacheté; ils avaient du poulet à tous leurs repas; il en a eu au moins pour 80 fr.

— Tant que ça, François?

— Oh! oui...

— Il était donc bien riche?

— Du tout... ce qu'il dépensait, c'était de

l'argent qu'il avait gagné en prison, d'où il sortait.

— Il avait gagné tout cet argent-là en prison?

— Oui... il disait qu'il lui restait encore sept cents francs; que quand il ne lui resterait plus rien... il ferait un bon coup... et que si on le prenait... ça lui était bien égal, parce qu'il retournerait rejoindre les *bons enfants de la geôle*, comme il dit.

— Il n'avait donc pas peur de la prison, François?

— Mais au contraire... il disait à Calebasse qu'ils sont là un tas d'amis et de noceurs ensemble... qu'il n'avait jamais eu un meilleur lit et une meilleure nourriture qu'en prison... de la bonne viande quatre fois la semaine, du feu tout l'hiver, et une bonne somme en sortant... tandis qu'il y a des bêtes d'ouvriers honnêtes qui crèvent de faim et de froid, faute d'ouvrage...

— Pour sûr, François, il disait ça, le gros boiteux?

— Je l'ai bien entendu... puisque c'est moi qui ramais dans le bachot pendant qu'il racontait son histoire à Calebasse et aux deux femmes, qui disaient que c'était la même chose dans les prisons de femmes d'où elles sortaient.

— Mais alors, François, faut donc pas que ça soit si mal de voler, puisqu'on est si bien en prison?

— Dame! je ne sais pas, moi... ici, il n'y a que notre frère Martial qui dise que c'est mal de voler... peut-être qu'il se trompe...

— C'est égal, il faut le croire, François... il nous aime tant!

— Il nous aime, c'est vrai... quand il est là, il n'y a pas de risque qu'on nous batte... S'il avait été ici ce soir, notre mère ne m'aurait pas roué de coups... Vieille bête! est-elle mauvaise!.. oh! je la hais... je la hais... que je voudrais être grand pour lui rendre tous les coups qu'elle nous a donnés... à toi, surtout, qui es bien moins dure que moi...

— Oh! François, tais-toi... ça me fait peur de t'entendre dire que tu voudrais battre notre mère! — s'écria la pauvre petite en pleurant et en jetant ses bras autour du cou de son frère, qu'elle embrassa tendrement.

— Non, c'est que c'est vrai aussi — reprit François en repoussant Amandine avec douceur — pourquoi ma mère et Calebasse sont-elles toujours si acharnées sur nous?

— Je ne sais pas — reprit Amandine en essuyant ses yeux du revers de sa main; — c'est peut-être parce qu'on a mis notre frère Ambroise aux galères et qu'on a guillotiné notre père, qu'elles sont injustes pour nous...

— Est-ce que c'est notre faute?

— Mon Dieu, non; mais, que veux-tu?

— Ma foi, si je devais recevoir ainsi toujours, toujours des coups, à la fin j'aimerais mieux voler comme ils veulent, moi... A quoi ça m'avance-t-il de ne pas voler?..

— Et Martial, qu'est-ce qu'il dirait?

— Oh! sans lui... il y a long-temps que j'aurais dit oui, car ça lasse aussi d'être battu; tiens, ce soir, jamais ma mère n'avait été aussi méchante... c'était comme une furie... il faisait noir, noir... elle ne disait pas un mot... je ne sentais que sa main froide qui me tenait par le cou pendant que de l'autre elle me battait... et puis il me semblait voir ses yeux reluire...

— Pauvre François... pour avoir dit que

tu avais vu un os de mort dans le bûcher.

— Oui, un pied qui sortait de dessous terre — dit François en tressaillant d'effroi ; — j'en suis bien sûr.

— Peut-être qu'il y aura eu autrefois un cimetière ici, n'est-ce pas?

— Faut croire... mais alors pourquoi notre mère m'a-t-elle dit qu'elle m'abîmerait encore si je parlais de l'os de mort à mon frère Martial ?.. Vois-tu, c'est plutôt quelqu'un qu'on aura tué dans une dispute et qu'on aura enterré là pour que ça ne se sache pas.

— Tu as raison... car te souviens-tu ? un pareil malheur a déjà manquer d'arriver.

— Quand cela?

— Tu sais, la fois où M. Barbillon a donné un coup de couteau à ce grand qui est si décharné, si décharné, si décharné, qu'il se fait voir pour de l'argent.

— Ah ! oui, le *squelette ambulant...* comme ils l'appellent ; ma mère est venue, les a séparés... sans ça, Barbillon aurait peut-être tué le grand décharné ! As-tu vu comme il écumait et comme les yeux lui sortaient de la tête, à Barbillon ?..

— Oh! il n'a pas peur de vous allonger un coup de couteau pour rien... C'est lui qui est un crâne!

— Si jeune et si méchant... François!

— Tortillard est bien plus jeune, et il serait au moins aussi méchant que lui, s'il était assez fort...

— Oh! oui, il est bien méchant... L'autre jour il m'a battue, parce que je n'ai pas voulu jouer avec lui...

— Il t'a battue?.. bon... la première fois qu'il viendra...

— Non, non, vois-tu, François... c'était pour rire...

— Bien sûr?

— Oui, bien vrai.

— A la bonne heure... sans ça... Mais je ne sais pas comment il fait, ce gamin-là, pour avoir toujours autant d'argent; est-il heureux! La fois qu'il est venu ici avec la Chouette, il nous a montré des pièces d'or de vingt francs. Avait-il l'air moqueur, quand il nous a dit : — « Vous en auriez comme ça, si vous n'étiez pas des petits *sinves.* »

— Des sinves?

— Oui, en argot ça veut dire des bêtes, des imbéciles.

— Ah oui! c'est vrai.

— Quarante francs... en or... comme j'achèterais des belles choses avec ça... Et toi, Amandine?

— Oh! moi aussi.

— Qu'est-ce que tu achèterais?

— Voyons — dit l'enfant en baissant la tête d'un air méditatif — j'achèterais d'abord pour mon frère Martial une bonne casaque bien chaude pour qu'il n'ait pas froid dans son bateau.

— Mais pour toi?... pour toi?...

— J'aimerais bien un petit Jésus en cire avec son mouton et sa croix, comme ce marchand de figures de plâtre en avait dimanche... tu sais, sous le porche de l'église d'Asnières?

A propos, pourvu qu'on ne dise pas à ma mère ou à Calebasse qu'on nous a vus dans l'église?

— C'est vrai, elle qui nous a toujours tant défendu d'y entrer... C'est dommage, car c'est bien gentil en dedans, une église... n'est-ce pas, François?

— Oui... quels beaux chandeliers d'argent!

— Et le portrait de la Sainte-Vierge.... comme elle a l'air bonne...

— Et les belles lampes... as-tu vu?... Et la belle nappe sur le grand buffet du fond, où le prêtre disait la messe avec ses deux amis, habillés comme lui... et qui lui donnaient de l'eau et du vin?

— Dis donc, François, te souviens-tu, l'autre année, à la Fête-Dieu, quand nous avons d'ici vu passer sur le pont toutes ces petites communiantes avec leurs voiles blancs?

— Avaient-elles de beaux bouquets!

— Comme elles chantaient d'une voix douce en tenant les rubans de leur bannière!

— Et comme les broderies d'argent de leur bannière reluisaient au soleil!... C'est ça qui doit coûter cher!..

— Mon Dieu... que c'était donc joli, hein, François!

— Je crois bien, et les communiants avec leurs bouffettes de satin blanc au bras... et leurs cierges à poignée de velours rouge avec de l'or après?

— Ils avaient aussi leur bannière, les petits garçons, n'est-ce pas, François?.. Ah! mon Dieu! ai-je été battue encore ce jour-là, pour avoir demandé à notre mère pourquoi nous n'allions pas à la procession comme les autres enfants!

— C'est alors qu'elle nous a défendu d'entrer jamais dans l'église, quand nous irions au bourg ou à Paris, à moins que ça ne soit pour y voler le tronc des pauvres, ou dans les poches des paroissiens, pendant qu'ils écouteraient la messe... a ajouté Calebasse en riant et en montrant ses vieilles dents jaunes... Mauvaise bête, va!

— Oh! pour ça... voler dans une église, on me tuerait plutôt... n'est-ce pas, François?

— Là ou ailleurs, qu'est-ce que ça fait, une fois qu'on est décidé!

— Dame! je ne sais pas... j'aurais bien plus peur... je ne pourrais jamais...

— A cause des prêtres?

— Non... peut-être à cause de ce portrait de la Sainte-Vierge, qui a l'air si douce, si bonne.

— Qu'est-ce que ça fait, ce portrait, il ne te mangerait pas... grosse bête!...

— C'est vrai... mais enfin, je ne pourrais pas... Ça n'est pas ma faute...

— A propos de prêtres, Amandine, te souviens-tu ce jour... où Nicolas m'a donné deux si grands soufflets, parce qu'il m'avait vu saluer le curé qui passait sur la grève; je l'avais vu saluer, je le saluais; je ne croyais pas faire mal... moi.

— Oui, mais cette fois-là, par exemple, notre frère Martial a dit, comme Nicolas, que nous n'avions pas besoin de saluer les prêtres.

A ce moment, François et Amandine entendirent marcher dans le corridor.

Martial regagnait sa chambre sans défiance, après son entretien avec sa mère, croyant Nicolas enfermé jusqu'au lendemain matin.

Voyant un rayon de lumière s'échapper du cabinet des enfants par la porte entr'ouverte, Martial entra chez eux.

Tous deux coururent à lui, il les embrassa tendrement.

— Comment, vous n'êtes pas encore couchés, petits bavards?

—Non, mon frère... nous attendions pour vous voir rentrer chez vous et vous dire bonsoir — dit Amandine.

—Et puis nous avions entendu parler bien fort en bas... comme si on s'était disputé — ajouta François.

— Oui,— dit Martial — j'ai eu des raisons avec Nicolas... Mais ce n'est rien... du reste, je suis content de vous trouver encore debout, j'ai une bonne nouvelle à vous apprendre.

—A nous, mon frère?

—Seriez-vous contents de vous en aller d'ici et de venir avec moi ailleurs, bien loin, bien loin ?

—Oh! oui, mon frère!...

—Oui, mon frère.

—Eh bien! dans deux ou trois jours nous quitterons l'île tous les trois.

—Quel bonheur! — s'écria Amandine en frappant joyeusement dans ses mains.

— Et où irons-nous? demanda François.

—Tu le verras, curieux... mais n'importe, où nous irons tu apprendras un bon état... qui te mettra à même de gagner ta vie... voilà ce qu'il y a de sûr.

— Je n'irai plus à la pêche avec toi, mon frère ?

— Non, mon garçon, tu iras en apprentissage chez un menuisier ou chez un serrurier ; tu es fort, tu es adroit, avec du cœur et en travaillant ferme, au bout d'un an tu pourras déjà gagner quelque chose ; ah çà... qu'est-ce que tu as... tu n'as pas l'air content ?

— C'est que.... mon frère... je...

— Voyons, parle.

— C'est que j'aimerais mieux ne pas te quitter, rester avec toi à pêcher... à raccommoder tes filets, que d'apprendre un état.

— Vraiment ?

— Dame ! être enfermé dans un atelier toute la journée.... c'est triste.... et puis être apprenti, c'est ennuyeux....

Martial haussa les épaules.

— Vaut mieux être paresseux, vagabond, flâneur, n'est-ce pas ? — lui dit-il sévèrement — en attendant qu'on devienne voleur...

— Non, mon frère, mais je voudrais vivre avec toi ailleurs comme nous vivons ici, voilà tout...

— Oui, c'est ça, boire, manger, dormir et

8.

t'amuser à pêcher comme un bourgeois, n'est-ce pas ?

— J'aimerais mieux ça...

— C'est possible, mais tu aimeras autre chose... Tiens, vois-tu, mon pauvre François, il est crânement temps que je t'emmène d'ici ; sans t'en douter tu deviendrais aussi gueux que les autres... Ma mère avait raison... je crains que tu n'aies du *vice*... Et toi, Amandine, est-ce que cela ne te plairait pas d'apprendre un état ?

— Oh ! si, mon frère... j'aimerais bien à apprendre, j'aime mieux tout que de rester ici. Je serais si contente de m'en aller avec vous et avec François.

— Mais qu'est-ce que tu as là sur la tête, ma fille ? — dit Martial en remarquant la triomphante coiffure d'Amandine.

— Un foulard que Nicolas m'a donné...

— Il m'en a donné un aussi, à moi — dit orgueilleusement François.

— Et d'où viennent-ils, ces foulards ? Ça m'étonnerait que Nicolas les ait achetés pour vous en faire cadeau.

Les deux enfants baissèrent la tête sans répondre.

Au bout d'une seconde, François dit résolument :

— Nicolas nous les a donnés ; nous ne savons pas d'où ils viennent, n'est-ce pas, Amandine ?

— Non... non... mon frère... — ajouta Amandine en balbutiant et en devenant pourpre, sans oser lever les yeux sur Martial.

— Ne mentez pas... — dit sévèrement Martial.

— Nous ne mentons pas — ajouta hardiment François.

— Amandine, mon enfant... dis la vérité — reprit Martial avec douceur.

— Eh bien ! pour dire toute la vérité — reprit timidement Amandine — ces beaux mouchoirs viennent d'une caisse d'étoffes que Nicolas a rapportée ce soir dans son bateau...

— Et qu'il a volée ?

— Je crois que oui, mon frère... sur une galiote.

— Vois-tu, François ! tu mentais — dit Martial.

L'enfant baissa la tête sans répondre.

— Donne-moi ce foulard, Amandine; donne-moi aussi le tien, François.

La petite se décoiffa, regarda une dernière fois l'énorme rosette qui ne s'était pas défaite, et remit le foulard à Martial en étouffant un soupir de regret.

François tira lentement le mouchoir de sa poche, et, comme sa sœur, le rendit à Martial.

— Demain matin — dit celui-ci — je rendrai les foulards à Nicolas; vous n'auriez pas dû les prendre, mes enfants; profiter d'un vol, c'est comme si on volait soi-même.

— C'est dommage, ils étaient bien jolis, ces mouchoirs! — dit François.

— Quand tu auras un état et que tu gagneras de l'argent en travaillant, tu en achèteras d'aussi beaux. Allons, couchez-vous, il est tard... mes enfants.

— Vous n'êtes pas fâché, mon frère? — dit timidement Amandine.

— Non, non, ma fille, ce n'est pas votre faute... Vous vivez avec des gueux, vous faites comme eux sans savoir... Quand vous serez avec de braves gens, vous ferez comme les braves gens; et vous y serez bientôt... ou le diable m'emportera... Allons, bonsoir!

— Bonsoir, mon frère!

Martial embrassa les enfants.

Ils restèrent seuls.

— Qu'est-ce que tu as donc, François? Tu as l'air tout triste! — dit Amandine.

— Tiens! mon frère m'a pris mon beau foulard; et puis, tu n'as donc pas entendu?

— Quoi?

— Il veut nous emmener pour nous mettre en apprentissage...

— Ça ne te fait pas plaisir?

— Ma foi, non...

— Tu aimes mieux rester ici à être battu tous les jours?

— Je suis battu; mais au moins je ne travaille pas, je suis toute la journée en bateau ou à pêcher, ou à jouer, ou à servir les pratiques, qui quelquefois me donnent pour boire, comme le gros boiteux; c'est bien plus amusant que d'être du matin au soir enfermé dans un atelier à travailler comme un chien.

— Mais tu n'as donc pas entendu?... Mon

frère nous a dit que si nous restions ici plus long-temps nous deviendrions des gueux!

— Ah bah! ça m'est bien égal... puisque les autres enfants nous appellent déjà petits voleurs... petits guillotinés... Et puis, travailler... c'est trop ennuyeux...

— Mais ici on nous bat toujours, mon frère!

— On nous bat parce que nous écoutons plutôt Martial que les autres...

— Il est si bon pour nous!

— Il est bon, il est bon, je ne dis pas... aussi je l'aime bien... On n'ose pas nous faire du mal devant lui... il nous emmène promener... c'est vrai... mais c'est tout... il ne nous donne jamais rien...

— Dame! il n'a rien... ce qu'il gagne, il le donne à notre mère pour sa nourriture.

— Nicolas a quelque chose, lui... Bien sûr que si nous l'écoutions, et ma mère aussi, ils ne nous rendraient pas la vie si dure... ils nous donneraient des belles nippes comme aujourd'hui... ils ne se défieraient plus de nous... nous aurions de l'argent comme Tortillard.

— Mais, mon Dieu, pour ça il faudrait voler ! et ça ferait tant de peine à notre frère Martial !

— Eh bien ! tant pis !

— Oh ! François... et puis si on nous prenait, nous irions en prison...

— Être en prison ou être enfermé dans un atelier toute la journée... c'est la même chose... D'ailleurs le gros boiteux dit qu'on s'amuse... en prison.

— Mais le chagrin que nous ferions à Martial... tu n'y penses donc pas? Enfin c'est pour nous qu'il est revenu ici et qu'il y reste; pour lui tout seul, il ne serait pas gêné, il retournerait être braconnier dans les bois qu'il aime tant.

— Eh bien ! qu'il nous emmène avec lui dans les bois — dit François — ça vaudrait mieux que tout. Je serais avec lui que j'aime bien, et je ne travaillerais pas à des métiers qui m'ennuient.

La conversation de François et d'Amandine fut interrompue.

Du dehors on ferma leur porte à double tour.

— On nous enferme !— s'écria François.

— Ah ! mon Dieu... et pourquoi donc, mon frère ? Qu'est-ce qu'on va nous faire ?

— C'est peut-être Martial...

— Écoute... écoute... comme son chien aboie !... — dit Amandine en prêtant l'oreille.

Au bout de quelques instants François ajouta :

— On dirait qu'on frappe à sa porte avec un marteau... on veut l'enfoncer peut-être !

— Oui, oui, son chien aboie toujours...

— Écoute, François !... maintenant c'est comme si on clouait quelque chose... Mon Dieu ! mon Dieu ! j'ai peur... Qu'est-ce donc qu'on fait à notre frère ? voilà son chien qui hurle maintenant.

— Amandine... on n'entend plus rien... — reprit François en s'approchant de la porte.

Les deux enfants, suspendant leur respiration, écoutaient avec anxiété.

— Voilà qu'ils reviennent de chez mon frère — dit François à voix basse ; — j'entends marcher dans le corridor.

— Jetons-nous sur nos lits; ma mère nous tuerait si elle nous trouvait levés— dit Amandine avec terreur.

— Non... — reprit François en écoutant toujours — ils viennent de passer devant notre porte... ils descendent l'escalier en courant...

— Mon Dieu! mon Dieu! qu'est-ce que c'est donc?...

— Ah! on ouvre la porte de la cuisine... maintenant...

— Tu crois?...

— Oui, oui... j'ai reconnu son bruit...

— Le chien de Martial hurle toujours... — dit Amandine en écoutant.

Tout à coup elle s'écria :

— François! mon frère nous appelle...

— Martial?

— Oui... entends-tu? entends-tu?...

En effet, malgré l'épaisseur des deux portes fermées, la voix retentissante de Martial, qui de sa chambre appelait les deux enfants, arriva jusqu'à eux.

— Mon Dieu, nous ne pouvons aller à lui... nous sommes enfermés — dit Amandine —

on veut lui faire du mal puisqu'il nous appelle...

— Oh! pour ça... si je pouvais les en empêcher — s'écria résolument François — je les empêcherais, quand on devrait me couper en morceaux !...

— Mais notre frère ne sait pas qu'on a donné un tour de clef à notre porte, il va croire que nous ne voulons pas aller à son secours; crie-lui donc que nous sommes enfermés, François !

Ce dernier allait suivre le conseil de sa sœur, lorsqu'un coup violent ébranla au dehors la persienne de la petite fenêtre du cabinet des deux enfants.

— Ils viennent par la croisée pour nous tuer ! — s'écria Amandine, et dans son épouvante elle se précipita sur son lit, et cacha sa tête dans ses mains.

François resta immobile, quoiqu'il partageât la terreur de sa sœur.

Pourtant, après le choc violent dont on a parlé, la persienne ne s'ouvrit pas, le plus profond silence régna dans la maison.

Martial avait cessé d'appeler les enfants.

Un peu rassuré, et excité par une vive curiosité, François se hasarda d'entre-bâiller doucement sa croisée, et tâcha de regarder au dehors à travers les feuilles de la persienne.

— Prends bien garde, mon frère! — dit tout bas Amandine, qui, entendant François ouvrir la fenêtre, s'était mise sur son séant. — Est-ce que tu vois quelque chose? — ajouta-t-elle.

— Non... la nuit est trop noire.
— Tu n'entends rien?
— Non, il fait trop grand vent.
— Reviens... reviens alors!
— Ah! maintenant je vois quelque chose.
— Quoi donc?
— La lueur d'une lanterne... elle va et elle vient.
— Qui est-ce qui la porte?
— Je ne vois que la lueur... Ah! elle se rapproche... on parle.
— Qui ça?
— Écoute... écoute... c'est Calebasse.
— Que dit-elle?
— Elle dit de bien tenir le pied de l'échelle,
— Ah! vois-tu, c'est en prenant la grande

échelle qui était appuyée contre notre persienne, qu'ils auront fait le bruit de tout à l'heure.

— Je n'entends plus rien.

— Et qu'est-ce qu'ils en font de l'échelle, maintenant?

— Je ne peux plus voir...

— Tu n'entends plus rien?

— Non...

— Mon Dieu, François, c'est peut-être pour monter chez notre frère Martial par la fenêtre... qu'ils ont pris l'échelle!

— Ça se peut bien.

— Si tu ouvrais un tout petit peu la jalousie, pour voir...

— Je n'ose pas...

— Rien qu'un peu...

— Oh! non, non. Si ma mère s'en apercevait.

— Il fait si noir, il n'y a pas de danger...

François se rendit, quoiqu'à regret, au désir de sa sœur, entre-bâilla la persienne et regarda.

— Eh bien! mon frère? — dit Amandine

en surmontant ses craintes et s'approchant de François sur la pointe du pied.

— A la clarté de la lanterne — dit celui-ci — je vois Calebasse qui tient le pied de l'échelle... ils l'ont appuyée à la fenêtre de Martial.

— Et puis?

— Nicolas monte à l'échelle, il a sa hachette à la main, je la vois reluire...

— Ah! vous n'êtes pas couchés et vous nous espionnez! — s'écria tout à coup la veuve, en s'adressant du dehors à François et à sa sœur. Au moment de rentrer dans la cuisine, elle venait d'apercevoir la lueur qui s'échappait de la persienne entr'ouverte.

Les malheureux enfants avaient négligé d'éteindre leur lumière.

— Je monte — ajouta la veuve d'une voix terrible — je monte vous trouver, petits mouchards!

Tels étaient les événements qui se passèrent à l'île du Ravageur, la veille du jour où madame Séraphin devait y amener Fleur-de-Marie.

CHAPITRE V.

UN GARNI.

Le *passage de la Brasserie*, passage ténébreux et assez peu connu, quoique situé au centre de Paris, aboutit d'un côté à la rue Traversière-Saint-Honoré, de l'autre à la cour Saint-Guillaume.

Vers le milieu de cette ruelle, humide, boueuse, sombre et triste, où presque jamais le soleil ne pénètre, s'élevait une maison garnie (vulgairement un *garni*, en raison du bas prix de ses loyers).

Sur un méchant écriteau on lisait : *Chambres et cabinets meublés;* à droite d'une allée obscure s'ouvrait la porte d'un magasin non moins obscur, où se tenait habituellement le principal locataire du *garni.*

Cet homme, dont le nom a été plusieurs fois prononcé à l'*Ile du Ravageur*, se nomme Micou : il est ouvertement marchand de vieilles ferrailles, mais secrètement il achète et recèle les métaux volés, tels que fer, plomb, cuivre et étain.

Dire que le père Micou était en relation d'*affaires* et d'*amitié* avec les Martial, c'est apprécier suffisamment sa moralité.

Il est, du reste, un fait à la fois curieux et effrayant : c'est l'espèce d'affiliation, de communion mystérieuse qui relie presque tous les malfaiteurs de Paris. Les *prisons en commun* sont les grands centres où affluent et d'où refluent incessamment ces flots de corruption qui envahissent peu à peu la *capitale* et y laissent de si sanglantes épaves.

Le père Micou est un gros homme de cinquante ans, à physionomie basse, rusée, au nez bourgeonnant, aux joues avinées; il porte un bonnet de loutre et s'enveloppe d'un vieux carrick vert.

Au-dessus du petit poêle de fonte auprès duquel il se chauffe, on remarque une planche numérotée attachée au mur; là sont accrochées les clefs des chambres dont les locataires sont absents. Les carreaux de la devanture vitrée qui s'ouvrait sur la rue, derrière d'épais barreaux de fer, étaient peints de façon à ce que du dehors on ne pût pas voir (et pour cause) ce qui se passait dans la boutique.

Il règne dans ce vaste magasin une assez grande obscurité; aux murailles noirâtres et humides pendent des chaînes rouillées de toutes grosseurs et de toutes longueurs ; le sol disparaît presque entièrement sous des monceaux de débris de fer et de fonte.

Trois coups frappés à la porte, d'une façon particulière, attirèrent l'attention du logeur-revendeur-recéleur.

— Entrez! — cria-t-il.

On entra.

C'était Nicolas, le fils de la veuve du supplicié.

Il était très-pâle; sa figure semblait encore plus sinistre que la veille, et pourtant on le verra feindre une sorte de gaieté bruyante pendant l'entretien suivant. (Cette scène se passait le lendemain de la querelle de ce bandit avec son frère Martial.)

— Ah! te voilà, bon sujet! — lui dit cordialement le logeur.

— Oui, père Micou; je viens faire affaire avec vous.

— Ferme donc la porte, alors... ferme donc la porte...

— C'est que mon chien et ma petite charrette sont là... avec la chose...

— Qu'est-ce que c'est que tu m'apportes? du *gras-double* (1)?

— Non, père Micou.

— C'est pas du *ravage* (2); t'es trop *feignant* maintenant; tu ne travailles plus... c'est peut-être du *dur* (3)?

— Non, père Micou; c'est du *rouget*... (4) quatre saumons... Il doit y en avoir au moins cent cinquante livres; mon chien en a tout son tirage.

— Va me chercher le *rouget;* nous allons peser.

— Faut que vous m'aidiez, père Micou; j'ai mal au bras.

(1) Lames de plomb généralement volées sur les toits.
(2) Débris métalliques recueillis par les ravageurs.
(3) Fer.
(4) Cuivre.

Et au souvenir de sa lutte avec son frère Martial, les traits du bandit exprimèrent à la fois un ressentiment de haine et de joie féroce, comme si déjà sa vengeance eût été satisfaite.

— Qu'est-ce que tu as donc au bras, mon garçon?

— Rien... une foulure.

— Il faut faire rougir un fer au feu, le tremper dans l'eau, et mettre ton bras dans cette eau presque bouillante; c'est un remède de ferrailleur, mais excellent.

— Merci, père Micou.

— Allons, viens chercher le *rouget;* je vais t'aider, paresseux!

En deux voyages, les saumons furent retirés d'une petite charrette tirée par un énorme dogue, et apportés dans la boutique.

— C'est une bonne idée, ta charrette! — dit le père Micou en ajustant les plateaux de bois d'énormes balances pendues à une des solives du plafond.

— Oui, quand j'ai quelque chose à apporter, je mets mon dogue et la charrette dans mon bachot, et j'attelle en abordant. Un fiacre jaserait peut-être, mon chien ne jase pas.

— Et on va toujours bien chez toi? — demanda le receleur en pesant le cuivre; — ta mère et ta sœur sont en bonne santé?

— Oui, père Micou.

— Les enfants aussi?

— Les enfants aussi. Et votre neveu André, où donc est-il?

— Ne m'en parle pas! il était en ribotte hier; Barbillon et le gros boiteux me l'ont emmené, il n'est rentré que ce matin; il est déjà en course... au grand bureau de la poste, rue Jean-Jacques Rousseau.

— Et ton frère Martial, toujours sauvage?

— Ma foi, je n'en sais rien.

— Comment! tu n'en sais rien?

— Non, — dit Nicolas en affectant un air indifférent : — depuis deux jours nous ne l'avons pas vu... Il sera peut-être retourné braconner dans les bois, à moins que son bateau, qui était vieux, vieux... n'ait coulé bas au milieu de la rivière, et lui avec...

— Ça ne te ferait pas de peine, garnement, car tu ne pouvais pas le sentir, ton frère!

— C'est vrai... on a comme ça des idées sur

les uns et sur les autres... Combien y a-t-il de livres de cuivre?

— T'as le coup d'œil juste... 148 livres, mon garçon.

— Et vous me devez?

— Trente francs tout au juste.

— Trente francs, quand le cuivre est à vingt sous la livre? trente francs!!

— Mettons trente-cinq francs et ne souffle pas, ou je t'envoie au diable, toi, ton cuivre, ton chien et ta charrette.

— Mais, père Micou, vous me filoutez par trop! il n'y a pas de bon sens.

— Veux-tu me prouver comme quoi il t'appartient ce cuivre? et je t'en donne quinze sous la livre.

— Toujours la même chanson... Vous vous ressemblez tous, allez, tas de brigands! Peut-on écorcher les amis comme ça! Mais c'est pas tout: si je vous prends de la marchandise en troc, vous me ferez bonne mesure au moins!

— Comme de juste. Qu'est-ce qui te faut? des chaînes ou des crampons pour tes bachots?

— Non, il me faudrait quatre ou cinq plaques de tôle très-forte, comme qui dirait pour doubler des volets.

— J'ai ton affaire... quatre lignes d'épaisseur... une balle de pistolet ne traverserait pas ça.

— C'est ce que je veux... justement!...

— Et de quelle grandeur?

— Mais... en tout, sept à huit pieds carrés.

— Bon! qu'est-ce qu'il te faudrait encore?

— Trois barres de fer, de trois à quatre pieds de long et de deux pouces carrés.

— J'ai démoli l'autre jour une grille de croisée, ça t'ira comme un gant... Et puis?

— Deux fortes charnières et un loquet, pour ajuster et fermer à volonté une soupape de deux pieds carrés.

— Une trappe, tu veux dire?

— Non, une soupape...

— Je ne comprends pas à quoi ça peut te servir, une soupape.

— C'est possible, moi je le comprends.

— A la bonne heure, tu n'auras qu'à choisir, j'ai là un tas de charnières.. Et qu'est-ce qu'il te faudra encore?

— C'est tout.

— Ça n'est guère.

— Préparez-moi tout de suite ma marchandise, père Micou, je la prendrai en repassant; j'ai encore des courses à faire.

— Avec ta charrette? Dis donc, farceur, j'ai vu un ballot au fond; c'est encore quelque *friandise* que tu as prise dans le buffet à *tout le monde*, petit gourmand?...

— Comme vous dites, père Micou; mais vous ne mangez pas de ça. Ne me faites pas attendre mes ferrailles, car faut que je sois à l'île avant midi...

— Sois tranquille, il est huit heures; si tu ne vas pas loin... dans une heure tu peux revenir, tout sera prêt, argent et fournitures... Veux-tu boire la goutte?

— Toujours... vous me la devez bien!...

Le père Micou prit dans une vieille armoire une bouteille d'eau-de-vie, un verre fêlé, une tasse sans anse, et versa.

— A la vôtre, père Micou!

— A la tienne, mon garçon, et à ces dames de chez toi!

— Merci... Et ça va bien toujours, votre garni?

— Comme ci, comme ça... j'ai toujours quelques locataires pour qui je crains les descentes du commissaire... mais ils payent en conséquence.

— Pourquoi donc?

— Es-tu bête! quelquefois je loge comme j'achète... à ceux-là je ne demande pas plus de passe-port que je ne te demande de facture de vente à toi.

— Connu!.. mais à ceux-là vous louez aussi cher que vous m'achetez bon marché.

— Faut bien se rattraper... J'ai un de mes cousins qui tient une belle maison garnie de la rue Saint-Honoré, même que sa femme est une forte couturière qui emploie jusqu'à des vingt ouvrières, soit chez elle, soit dans leur chambre.

— Dites donc, vieux obstiné, il doit y en avoir de *girondes* (1) là-dedans?

— Je crois bien! il y en a deux ou trois que j'ai vues quelquefois apporter leur ouvrage...

---

(1) Jolies.

Mille z'yeux! sont-elles gentilles! Une petite surtout, qui travaille en chambre, qui rit toujours et qui s'appelle Rigolette... Dieu de Dieu, mon fiston! quel dommage de ne plus avoir ses vingt ans!

— Allons, papa... éteignez-vous, ou je crie au feu!

— Mais c'est honnête... mon garçon... c'est honnête...

— *Colasse...* va!... et vous disiez que votre cousin...

— Tient très-bien sa maison, et, comme il est du même numéro que cette petite Rigolette...

— Honnête?

— Tout juste.

— *Colas!*

— Il ne veut que des locataires à passe-port ou à papiers... mais s'il s'en présente qui n'en aient pas, comme il sait que j'y regarde moins, il m'envoie ces pratiques-là...

— Et elles paient en conséquence?

— Toujours.

— Mais c'est tous amis de la *pègre* (1) ceux qui n'ont pas de papiers!

— Eh non! tiens, justement, à propos de ça, mon cousin m'a envoyé, il y a quelques jours, une pratique... que le diable me brûle si j'y comprends rien... Encore une tournée?

— Ça va... le liquide est bon... à la vôtre, père Micou!

— A la tienne, garçon! Je te disais donc que l'autre jour mon cousin m'a envoyé une pratique où je ne comprends rien. Figure-toi une mère et sa fille qui avaient l'air bien panées et bien râpées, c'est vrai; elles portaient leur butin dans un mouchoir; eh bien! quoique ça doive être des rien du tout, puisqu'elles n'ont pas de papiers et qu'elles logent à la quinzaine... depuis qu'elles sont ici elles ne bougent pas plus que des marmottes; il n'y vient jamais d'hommes... mon fiston... jamais d'hommes!... et pourtant, si elles n'étaient pas si maigres et si pâles, ça ferait deux fameux brins de femme, la fille surtout! ça vous a quinze ou seize ans tout au plus... c'est blanc

(1) Voleur.

comme un lapin blanc, avec des yeux noirs grands comme ça... Nom de nom... quels yeux! quels yeux!

— Vous allez encore vous incendier... et qu'est-ce qu'elles font, ces deux femmes?

— Je te dis que je n'y comprends rien... il faut qu'elles soient honnêtes, et pourtant pas de papiers... Sans compter qu'elles reçoivent des lettres sans adresse... faut que leur nom soit guère bon à écrire.

— Comment cela?

— Elles ont envoyé, ce matin, mon neveu André au bureau de la poste restante, pour réclamer une lettre adressée à madame X. Z. La lettre doit venir de Normandie... d'un bourg appelé les *Aubiers*. Elles ont écrit cela sur un papier, afin qu'André puisse réclamer la lettre en donnant ces renseignements-là... Tu vois que ça n'a pas l'air de grand'chose, des femmes qui prennent le nom d'un X et d'un Z. Eh bien! pourtant jamais d'hommes!

— Elles ne vous paieront pas?

— Ce n'est pas à un vieux singe comme moi qu'on apprend des grimaces. Elles ont pris un cabinet sans cheminée, que je leur fais payer vingt francs par quinzaine et d'avance. Elles sont peut-être malades, car depuis deux jours elles ne sont pas descendues... C'est toujours pas d'indigestion qu'elles seraient malades; car je ne crois pas qu'elles aient jamais allumé un fourneau pour leur manger depuis qu'elles sont ici. Mais j'en reviens toujours là... jamais d'hommes et pas de papiers...

— Si vous n'avez que des pratiques comme ça, père Micou...

— Ça va et ça vient; si je loge des gens sans passe-port, dis donc, je loge aussi des gens calés; j'ai dans ce moment-ci deux commis-voyageurs, un facteur de la poste, le chef d'orchestre du café des Aveugles, et une rentière, tous gens honnêtes; ce sont eux qui sauveraient la réputation de la maison, si le commissaire voulait y regarder de trop près... c'est pas des locataires de nuit, ceux-là, c'est des locataires de plein soleil.

— Quand il en fait dans votre passage, père Micou.

— Farceur... encore une tournée...

— Mais la dernière, faut que je file... A

propos, Robin le gros boiteux loge donc encore ici?

— En haut, la porte à côté de la mère et de la fille. Il finit de manger son argent de prison... et je crois qu'il ne lui en reste guère.

— Dites donc, garde à vous! il est en rupture de ban.

— Je sais bien; mais je ne peux pas m'en dépêtrer. Je crois qu'il monte quelque coup: le petit Tortillard, le fils de Bras-Rouge, est venu ici l'autre soir avec Barbillon pour le chercher... J'ai peur qu'il ne fasse tort à mes bons locataires, ce damné Robin; aussi une fois sa quinzaine finie... je le mets dehors, en lui disant que son cabinet est retenu par un ambassadeur ou par le mari de madame Saint-Ildefonse, ma rentière.

— Une rentière?

— Je crois bien! trois chambres et un cabinet sur le devant, rien que ça... remeublés à neuf, sans compter une mansarde pour sa bonne... quatre-vingts francs par mois... et payés d'avance par son oncle, à qui elle donne une de ses chambres en pied-à-terre... quand il vient de la campagne. Après ça, je crois bien que sa campagne est comme qui dirait rue Vivienne, rue Saint-Honoré ou dans les environs de ces paysages-là.

— Connu!... Elle est rentière, parce que le vieux lui fait des rentes.

— Tais-toi donc!... justement voilà sa bonne!..

Une femme assez âgée, portant un tablier blanc d'une propreté douteuse entra dans le magasin du revendeur.

— Qu'est-ce qu'il y a pour votre service, madame Charles?

— Père Micou, votre neveu n'est pas là?

— Il est en course, au grand bureau de la poste aux lettres; il va rentrer tout à l'heure.

—M. Badinot voudrait qu'il portât tout de suite cette lettre à son adresse; il n'y a pas de réponse... mais c'est très-pressé.

— Dans un quart d'heure il sera en route, madame Charles.

— Et qu'il se dépêche...

— Soyez tranquille.

La bonne sortit.

— C'est donc la bonne d'un de vos locataires, père Micou?

— Eh! non! colas, c'est la bonne de ma rentière, madame Saint-Ildefonse. Mais M. Badinot est son oncle ; il est venu hier de la campagne — dit le logeur qui examinait la lettre; puis il ajouta en lisant l'adresse : — Vois donc : que ça de belles connaissances! Quand je te dis que c'est des gens calés : il écrit à un vicomte.

— Ah bah!

— Tiens, vois plutôt: *A monsieur le vicomte de Saint-Remy, rue de Chaillot... Très-pressée... A lui-même...* J'espère que quand on loge des rentières qui ont des oncles qui écrivent à des vicomtes, on peut bien ne pas tenir aux passeports de quelques locataires du haut de la maison, hein?

— Je crois bien... Allons, à tout à l'heure, père Micou. Je vas attacher mon chien à votre porte avec sa charrette; je porterai ce que j'ai à porter à pied... Préparez ma marchandise et mon argent, que je n'aie qu'à filer.

— Sois tranquille : quatre bonnes plaques de tôle de deux pieds carrés chaque, trois barres de fer de trois pieds et deux charnières pour ta soupape. Cette soupape me paraît drôle; enfin c'est égal... est-ce là tout?

— Oui, et mon argent?

— Et ton argent... Mais dis donc, avant de t'en aller, faut que je te dise... depuis que tu es là... je t'examine...

— Eh bien!

— Je ne sais pas... mais tu as l'air d'avoir quelque chose.

— Moi?

— Oui.

— Vous êtes fou... Si j'ai quelque chose... c'est que... j'ai faim.

— Tu as faim... tu as faim... c'est possible... mais on dirait que tu veux avoir l'air gai, et qu'au fond tu as quelque chose qui te pince et qui te cuit... *une puce à la muette* (1), comme dit l'autre... et pour que ça te démange il faut que ça te gratte fort... car tu n'es pas bégueule.

— Je vous dis que vous êtes fou, père Micou — dit Nicolas en tressaillant malgré lui.

(1) A la conscience.

— On dirait que tu viens de trembler, vois-tu.

— C'est mon bras qui me fait mal.

— Alors n'oublie pas ma recette, ça te guérira.

— Merci, père Micou... à tout à l'heure.

Et le bandit sortit.

Le recéleur, après avoir dissimulé les saumons de cuivre derrière son buffet, s'occupait de rassembler les différents objets que lui avait demandés Nicolas, lorsqu'un nouveau personnage entra dans sa boutique.

C'était un homme de cinquante ans environ, à figure fine et sagace, portant un épais collier de favoris gris très-touffus et des besicles d'or; il était vêtu avec assez de recherche; les larges manches de son paletot brun, à parements de velours noir, laissaient voir des mains gantées de gants paille; ses bottes devaient avoir été enduites la veille d'un brillant vernis.

Tel était M. Badinot, l'oncle de la rentière, cette madame Saint-Ildephonse, dont la position sociale faisait l'orgueil et la sécurité du père Micou.

On se souvient peut-être que M. Badinot, ancien avoué, chassé de sa corporation, alors chevalier d'industrie et agent d'affaires équivoques, servait d'espion au baron de Graün et avait donné à ce diplomate des renseignements assez nombreux et très précis sur bon nombre des personnages de cette histoire.

— Madame Charles vient de vous donner une lettre à porter — dit M. Badinot au logeur.

— Oui, monsieur... mon neveu va rentrer... dans un moment il partira.

— Non, rendez moi cette lettre... je me suis ravisé, j'irai moi-même chez le vicomte de Saint-Remy — dit M. Badinot en appuyant avec intention et fatuité sur cette adresse aristocratique.

— Voici la lettre, monsieur... vous n'avez pas d'autre commission?

— Non, père Micou — dit M. Badinot d'un air protecteur — mais j'ai des reproches à vous faire.

— A moi, monsieur?

— De très-graves reproches.

— Comment, monsieur ?

— Certainement... Madame de Saint-Ildephonse paie très-cher votre premier ; ma nièce est une de ces locataires auxquelles on doit les plus grands égards ; elle est venue de confiance dans cette maison ; redoutant le bruit des voitures, elle espérait être ici comme à la campagne.

— Et elle y est ; c'est ici comme un hameau... Vous devez vous y connaître, vous, monsieur, qui habitez la campagne... c'est ici comme un vrai hameau.

— Un hameau ?... Il est joli !... toujours un tapage infernal.

— Pourtant il est impossible de trouver une maison plus tranquille ; au-dessus de madame il y a le chef d'orchestre du Café des Aveugles et un commis-voyageur... au-dessus un autre commis-voyageur. Au-dessus il y a...

— Il ne s'agit pas de ces personnes-là, elles sont fort tranquilles et fort honnêtes, ma nièce n'en disconvient pas ; mais il y a au quatrième un gros boiteux que madame de Saint-Ildephonse a rencontré hier encore ivre dans l'escalier ; il poussait des cris de sauvage, elle en a eu presque une révolution tant elle a été effrayée... Si vous croyez qu'avec de tels locataires votre maison ressemble à un hameau...

— Monsieur, je vous jure que je n'attends que l'occasion pour mettre ce gros boiteux à la porte; il m'a payé sa dernière quinzaine d'avance, sans quoi il serait déjà dehors.

— Il ne fallait pas l'accepter pour locataire.

— Mais, sauf lui, j'espère que madame n'a pas à se plaindre; il y a un facteur à la petite poste, qui est la crème des honnêtes gens ; et au-dessus, à côté de la chambre du gros boiteux, une femme et sa fille qui ne bougent pas plus que des marmottes.

— Encore une fois, madame de Saint-Ildephonse ne se plaint que du gros boiteux : c'est le cauchemar de la maison que ce drôle-là !... Je vous en préviens, si vous le gardez, il fera déserter tous les honnêtes gens.

— Je le renverrai, soyez tranquille... je ne tiens pas à lui.

— Et vous ferez bien... car on ne tiendrait pas à votre maison.

— Ce qui ne ferait pas mon affaire... Aussi,

monsieur, regardez le gros boiteux comme déjà parti, car il n'a plus que quatre jours à rester ici.

— C'est beaucoup trop, enfin ça vous regarde... A la première algarade, ma nièce abandonne cette maison.

— Soyez tranquille, monsieur.

— Tout ceci est dans votre intérêt, mon cher... faites-en votre profit... car je n'ai qu'une parole — dit M. Badinot d'un air protecteur.

Et il sortit.

Avons-nous besoin de dire que cette femme et cette jeune fille, qui vivaient si solitaires, étaient les deux victimes de la cupidité du notaire?

Nous conduirons le lecteur dans le triste réduit qu'elles habitaient.

CHAPITRE VI.

LES VICTIMES D'UN ABUS DE CONFIANCE.

(Lorsque l'abus de confiance est puni, terme moyen de la punition : Deux mois de prison, et 25 francs d'amende. [Art. 406 et 408 du Code pénal].)

Que le lecteur se figure un cabinet situé au quatrième étage de la triste maison du *passage de la Brasserie*.

Un jour pâle et sombre pénètre à peine dans cette pièce étroite par une petite fenêtre à un seul vantail, garnie de trois vitres fêlées, sordides; un papier délabré, d'une couleur jaunâtre, couvre les murailles; aux angles du plafond lézardé pendent d'épaisses toiles d'araignée. Le sol, décarrelé en plusieurs endroits, laisse voir çà et là les poutres et les lattes qui supportent les carreaux.

Une table de bois blanc, une chaise, une vieille malle sans serrure et un lit de sangle à dossier de bois garni d'un mince matelas, de draps de grosse toile bise et d'une vieille couverture de laine brune, tel est le mobilier de ce *garni*.

Sur la chaise est assise madame la baronne de Fermont.

Dans le lit repose mademoiselle Claire de Fermont (tel était le nom des deux victimes de Jacques Ferrand).

Ne possédant qu'un lit, la mère et la fille s'y couchaient tour à tour, se partageant ainsi les heures de la nuit.

Trop d'inquiétudes, trop d'angoisses torturaient la mère pour qu'elle cédât souvent au sommeil; mais sa fille y trouvait du moins quelques instants de repos et d'oubli.

Dans ce moment elle dormait.

Rien de plus touchant, de plus douloureux, que le tableau de cette misère imposée par la cupidité du notaire à deux femmes jusqu'alors habituées aux modestes douceurs de l'aisance, et entourées dans leur ville natale de la considération qu'inspire toujours une famille honorable et honorée.

Madame de Fermont a trente-six ans environ; sa physionomie est à la fois remplie de douceur et de noblesse; ses traits, autrefois d'une beauté remarquable, sont pâles et altérés; ses cheveux noirs, séparés sur son front et aplatis en bandeaux, se tordent derrière sa tête; le chagrin y a déjà mêlé quelques mèches argentées. Vêtue d'une robe de deuil rapiécée en plusieurs endroits, madame de Fermont, le front appuyé sur sa main, s'accoude au misérable chevet de sa fille, et la regarde avec une affliction inexprimable.

Claire n'a que seize ans; le candide et doux profil de son visage, amaigri comme celui de sa mère, se dessine sur la couleur grise des gros draps dont est recouvert son traversin, rempli de sciure de bois.

Le teint de la jeune fille a perdu de son éclatante pureté; ses grands yeux fermés projettent jusque sur ses joues creuses leur double frange de longs cils noirs. Autrefois roses et humides, mais alors sèches et pâles, ses lèvres entr'ouvertes laissent entrevoir le blanc émail de ses dents; le rude contact des draps grossiers et de la couverture de laine avait rougi, marbré en plusieurs endroits la carnation délicate du cou, des épaules et des bras de la jeune fille.

De temps à autre, un léger tressaillement rapprochait ses sourcils minces et veloutés, comme si elle eût été poursuivie par un rêve pénible. L'aspect de ce visage, déjà empreint d'une expression morbide, est pénible; on y découvre les sinistres symptômes d'une maladie qui couve et menace.

Depuis long-temps madame de Fermont n'avait plus de larmes; elle attachait sur sa fille un œil sec et enflammé par l'ardeur d'une fièvre lente qui la minait sourdement. De jour en jour, madame de Fermont se trouvait plus faible; ainsi que sa fille, elle ressentait ce malaise, cet accablement, précurseurs certains d'un mal grave et latent; mais, craignant d'effrayer Claire et ne voulant pas surtout, si cela peut se dire, s'effrayer soi-même, elle luttait de toutes ses forces contre les premières atteintes de la maladie.

Par des motifs d'une générosité pareille, Claire, afin de ne pas inquiéter sa mère, tâchait de dissimuler ses souffrances. Ces deux malheureuses créatures, frappées des mêmes chagrins, devaient être encore frappées des mêmes maux.

Il arrive un moment suprême dans l'infortune où l'avenir se montre sous un aspect si effrayant, que les caractères les plus énergiques, n'osant l'envisager en face, ferment les yeux et tâchent de se tromper par de folles illusions.

Telle était la position de madame et de mademoiselle de Fermont.

Exprimer les tortures de cette femme, pendant les longues heures où elle contemplait ainsi son enfant endormi, songeant au passé, au présent, à l'avenir, serait peindre ce que les augustes et saintes douleurs d'une mère ont de plus poignant, de plus désespéré, de plus insensé : souvenirs enchanteurs, craintes sinistres, prévisions terribles, regrets amers, abattement mortel, élans de fureur impuissante contre l'auteur de tant de maux, supplications vaines, prières violentes, et enfin...

enfin doutes effrayants sur la toute-puissante justice de celui qui reste inexorable à ce cri arraché des entrailles maternelles... à ce cri sacré dont le retentissement doit pourtant arriver jusqu'au ciel : *Pitié pour ma fille!*

« — Comme elle a froid, maintenant — disait la pauvre mère en touchant légèrement de sa main glacée les bras glacés de son enfant — elle a bien froid... il y a une heure elle était brûlante... c'est la fièvre!... heureusement elle ne sait pas l'avoir... mon Dieu, qu'elle a froid!... cette couverture est si mince aussi... Je mettrais bien mon vieux châle sur le lit... mais si je l'ôte de la porte où je l'ai suspendu... ces hommes ivres viendront encore comme hier regarder au travers des trous qui sont à la serrure ou par les ais disjoints du chambranle...

» Quelle horrible maison, mon Dieu!

» Si j'avais su comment elle était habitée... avant de payer notre quinzaine d'avance... nous ne serions pas restées ici... mais je ne savais pas... Quand on est sans papiers, on est repoussé des autres maisons garnies. Pouvais-je deviner que j'aurais jamais besoin de passe-port?... Quand je suis partie d'Angers dans ma voiture... parce que je ne croyais pas convenable que ma fille voyageât dans une voiture publique... pouvais-je croire que... »

Puis s'interrompant avec un élan de colère :

« Mais c'est pourtant infâme, cela... parce que ce notaire a voulu me dépouiller, me voici réduite aux plus affreuses extrémités, et contre lui je ne puis rien !... rien !...

» Si... dans le cas où j'aurais de l'argent je pourrais plaider ; plaider... pour entendre traîner dans la boue la mémoire de mon bon et noble frère... pour entendre dire que dans sa ruine il a mis fin à ses jours, après avoir dissipé toute ma fortune et celle de ma fille... Plaider... pour entendre dire qu'il nous a réduites à la dernière misère !... Oh ! jamais ! jamais !

» Pourtant... si la mémoire de mon frère est sacrée... la vie... l'avenir de ma fille... me sont aussi sacrés... mais je n'ai pas de preuves contre le notaire, moi ! et c'est soulever un scandale inutile...

» Ce qui est affreux... affreux — reprit-elle

après un moment de silence — c'est que quelquefois, aigrie, irritée par ce sort atroce, j'ose accuser mon frère... donner raison au notaire contre lui... comme si, en ayant deux noms à maudire, ma peine serait soulagée... et puis je m'indigne de mes suppositions injustes, odieuses... contre le meilleur, le plus loyal des frères...

» Oh! ce notaire, il ne sait pas toutes les effroyables conséquences de son vol... Il n'a cru que voler de l'argent, ce sont deux âmes qu'il torture... deux femmes qu'il fait mourir à petit feu...

» Hélas! oui, je n'ose jamais dire à ma pauvre enfant toutes mes craintes pour ne pas la désoler... mais je souffre... j'ai la fièvre... je ne me soutiens qu'à force d'énergie; je sens en moi les germes d'une maladie... dangereuse peut-être... oui, je la sens venir... elle s'approche... ma poitrine brûle, ma tête se fend... Ces symptômes sont plus graves que je ne veux me l'avouer à moi-même... Mon Dieu... si j'allais tomber... tout à fait malade... si j'allais mourir...

» Non! non! — s'écria madame de Fermont avec exaltation — je ne veux pas... je ne peux pas mourir... Laisser Claire... à seize ans... sans ressource, seule, abandonnée au milieu de Paris... est-ce que cela est possible ?.. non ! je ne suis pas malade, après tout... qu'est-ce que j'éprouve ? un peu de chaleur à la poitrine, quelque pesanteur à la tête ; c'est la suite du chagrin, des insomnies, du froid, des inquiétudes ; tout le monde à ma place ressentirait cet abattement... mais cela n'a rien de sérieux.

» Allons, allons, pas de faiblesse... mon Dieu ! c'est en se laissant aller à des idées pareilles, c'est en s'écoutant ainsi... que l'on tombe réellement malade... et j'en ai bien le loisir, vraiment !.. Ne faut-il pas que je m'occupe de trouver de l'ouvrage pour moi et pour Claire, puisque cet homme qui nous donnait des gravures à colorier... »

Après un moment de silence, madame de Fermont ajouta avec indignation :

« Oh ! cela est abominable !.. mettre ce travail au prix de la honte de Claire !... nous retirer impitoyablement ce chétif moyen d'existence, parce que je n'ai pas voulu que

ma fille allât travailler seule le soir chez lui !..
Peut-être trouverons-nous de l'ouvrage ailleurs, en couture ou en broderie... Mais, quand on ne connaît personne, c'est si difficile !.. Dernièrement encore, j'ai tenté en vain... Lorsqu'on est si misérablement logé, on n'inspire aucune confiance ; et pourtant, la petite somme qui nous reste une fois épuisée, que faire ?.. que devenir ?.. Il ne nous restera plus rien... mais plus rien... sur la terre... mais pas une obole... et j'étais riche, pourtant !..

» Ne songeons pas à cela... ces pensées me donnent le vertige... me rendent folle... Voilà ma faute, c'est de trop m'appesantir sur ces idées, au lieu de tâcher de m'en distraire... C'est cela qui m'aura rendue malade... non, non, je ne suis pas malade... je crois même que j'ai moins de fièvre — ajouta la malheureuse mère en se tâtant le pouls elle-même. »

Mais, hélas ! les pulsations précipitées, saccadées, irrégulières qu'elle sentit battre sous sa peau à la fois sèche et froide ne lui laissèrent pas d'illusion.

Après un moment de morne et sombre désespoir, elle dit avec amertume :

« Seigneur, mon Dieu, pourquoi nous accabler ainsi ? quel mal avons-nous jamais fait ? Ma fille n'était-elle pas un modèle de candeur et de piété, son père l'honneur même ? N'ai-je pas toujours vaillamment rempli mes devoirs d'épouse et de mère ? Pourquoi permettre qu'un misérable fasse de nous ses victimes ?.. cette pauvre enfant surtout !..

» Quand je pense que sans le vol de ce notaire je n'aurais aucune crainte sur le sort de ma fille... Nous serions à cette heure dans notre maison, sans inquiétude pour l'avenir, seulement tristes et malheureuses de la mort de mon pauvre frère ; dans deux ou trois ans, j'aurais songé à marier Claire, et j'aurais trouvé un homme digne d'elle, si bonne, si charmante, si belle !.. Qui n'eût pas été heureux d'obtenir sa main ?.. Je voulais d'ailleurs, me réservant une petite pension pour vivre auprès d'elle, lui abandonner en mariage tout ce que je possédais, cent mille écus au moins.. car j'aurais pu encore faire quelques économies ; et quand une jeune personne aussi jolie, aussi bien élevée que mon enfant chérie, apporte en dot plus de cent mille écus... »

Puis, revenant par un douloureux contraste à la triste réalité de sa position, madame de Fermont s'écria dans une sorte de délire :

« — Mais il est pourtant impossible que, parce que le notaire le veut, je voie patiemment ma fille réduite à la plus affreuse misère... elle qui avait droit à tant de félicité...

» Si les lois laissent ce crime impuni, je ne le laisserai pas; car, enfin, si le sort me pousse à bout... si je ne trouve pas moyen de sortir de l'atroce position où ce misérable m'a jetée avec mon enfant, je ne sais pas ce que je ferai... je serai capable de le tuer, moi, cet homme... Après on fera de moi ce qu'on voudra... j'aurai pour moi toutes les mères...

» Oui... mais ma fille?... ma fille?

» La laisser seule, abandonnée, voilà ma terreur, voilà pourquoi je ne veux pas mourir... voilà pourquoi je ne puis pas tuer cet homme. Que deviendrait-elle? elle a seize ans... elle est jeune et sainte comme un ange... mais elle est si belle... Mais l'abandon, mais la misère, mais la faim... quel effrayant vertige tous ces malheurs réunis ne peuvent-ils pas causer à une enfant de cet âge... et alors... et alors dans quel abîme ne peut-elle pas tomber?...

» Oh! c'est affreux... à mesure que je creuse ce mot: *misère*, j'y trouve d'épouvantables choses.

» La misère... la misère atroce pour tous, mais peut-être plus atroce encore pour ceux qui ont toute leur vie vécu dans l'aisance... Ce que je ne me pardonne pas, c'est, en présence de tant de maux menaçants, de ne pouvoir vaincre un malheureux sentiment de fierté. Il me faudrait voir ma fille manquer absolument de pain pour me résigner à mendier... Comme je suis lâche... pourtant... »

Et elle ajouta avec une sombre amertume:

« Ce notaire m'a réduite à l'aumône, il faut pourtant que je me rompe aux nécessités de ma position; il ne s'agit plus de scrupules, de délicatesse, cela était bon autrefois; maintenant il faut que je tende la main pour ma fille et pour moi; oui, si je ne trouve pas de travail... il faudra bien me résoudre à implorer la charité des autres, puisque le notaire l'aura voulu...

» Il y a sans doute là-dedans une adresse,

un art que l'expérience vous donne; j'apprendrai... C'est un métier comme un autre — ajouta-t-elle avec une sorte d'exaltation délirante. — Il me semble pourtant que j'ai tout ce qu'il faut pour intéresser... des malheurs horribles, immérités, et une fille de seize ans... un ange... oui; mais il faut savoir, il faut oser faire valoir ces avantages, j'y parviendrai.

» Après tout, de quoi me plaindrais-je? — s'écria-t-elle avec un éclat de rire sinistre. — La fortune est précaire, périssable... Le notaire m'aura au moins appris un état. »

Madame de Fermont resta un moment absorbée dans ses pensées; puis elle reprit avec plus de calme :

« J'ai souvent pensé à demander un emploi; ce que j'envie, c'est le sort de la domestique de cette femme qui loge au premier; si j'avais cette place, peut-être, avec mes gages, pourrai-je suffire aux besoins de Claire... peut-être, par la protection de cette femme, pourrai-je trouver quelque ouvrage pour ma fille... qui resterait ici... Comme cela je ne la quitterais pas. Quel bonheur... si cela pouvait s'arranger ainsi !... Oh! non, non, ce serait trop beau... ce serait un rêve !... Et puis, pour prendre sa place, il faudrait faire renvoyer cette servante... et peut-être son sort serait-il alors aussi malheureux que le nôtre... Eh bien ! tant pis... tant pis... a-t-on mis du scrupule à me dépouiller, moi? Ma fille avant tout... Voyons, comment m'introduire chez cette femme du premier? Par quel moyen évincer sa domestique? car une telle place serait pour nous une position inespérée. »

Deux ou trois coups violents frappés à la porte firent tressaillir madame de Fermont et éveillèrent sa fille en sursaut.

— Mon Dieu! maman, qu'y a-t-il?— s'écria Claire en se levant brusquement sur son séant; puis, par un mouvement machinal, elle jeta ses bras autour du cou de sa mère, qui, aussi effrayée, se serra contre sa fille en regardant la porte avec terreur.

— Maman, qu'est-ce donc?— répéta Claire.

— Je ne sais, mon enfant... Rassure-toi... ce n'est rien... on a seulement frappé... c'est peut-être la réponse qu'on nous apporte de la poste restante...

A cet instant la porte vermoulue s'ébranla de nouveau sous le choc de plusieurs vigoureux coups de poing.

— Qui est-là? — dit madame de Fermont d'une voix tremblante.

Une voix ignoble, rauque, enrouée, répondit :

— Ah! çà, vous êtes donc sourdes, les voisines? Ohé... les voisines! ohé!!

— Que voulez-vous?... monsieur... je ne vous connais pas... — dit madame de Fermont en tâchant de dissimuler l'altération de sa voix.

— Je suis Robin... votre voisin... donnez-moi du feu pour allumer ma pipe... allons, houp! et plus vite que ça!

— Mon Dieu!... c'est cet homme boiteux qui est toujours ivre — dit tout bas la mère à sa fille.

— Ah çà... allez-vous me donner du feu, ou j'enfonce tout... nom d'un tonnerre!...

— Monsieur... je n'ai pas de feu...

— Vous devez avoir des allumettes chimiques... tout le monde en a... ouvrez-vous... voyons?

— Monsieur... retirez-vous...

— Vous ne voulez pas ouvrir, une fois... deux fois?...

— Je vous prie de vous retirer ou j'appelle...

— Une fois... deux fois... trois fois... non... vous ne voulez pas? Alors je démolis tout!!... hu! donc.

Et le misérable donna un si furieux coup dans la porte qu'elle céda, la méchante serrure qui la fermait ayant été brisée.

Les deux femmes poussèrent un grand cri d'effroi.

Madame de Fermont, malgré sa faiblesse, se précipita au-devant du bandit au moment où il mettait un pied dans le cabinet, et lui barra le passage.

— Monsieur, cela est indigne, vous n'entrerez pas — s'écria la malheureuse mère en retenant de toutes ses forces la porte entrebâillée. — Je vais crier au secours...

Et elle frissonnait à l'aspect de cet homme à figure hideuse et avinée.

— De quoi, de quoi?... — reprit-il — est-ce que l'on ne s'oblige pas entre voisins?... il fallait m'ouvrir, j'aurais rien enfoncé.

Puis, avec l'obstination stupide de l'ivresse, il ajouta, en chancelant sur ses jambes inégales :

— Je veux entrer, j'entrerai... et je ne sortirai pas que je n'aie allumé ma pipe.

— Je n'ai ni feu ni allumettes... Au nom du ciel... monsieur, retirez-vous...

— C'est pas vrai, vous dites ça pour que je ne voie pas la petite qui est couchée... Hier vous avez bouché les trous de la porte. Elle est gentille, je veux la voir... Prenez garde à vous... je vous casse la figure, si vous ne me laissez pas entrer... je vous dis que je verrai la petite dans son lit et que j'allumerai ma pipe... ou bien je démolis tout!.. et vous avec!!!

— Au secours, mon Dieu!... au secours!.. — cria madame de Fermont qui sentit la porte céder sous un violent coup d'épaule du gros boiteux.

Intimidé par ces cris, l'homme fit un pas en arrière et montra le poing à madame de Fermont en lui disant :

— Tu me paieras ça, va... Je reviendrai cette nuit, je t'empoignerai la langue et tu ne pourras pas crier...

Et le *gros boiteux*, comme on l'appelait à l'Ile du Ravageur, descendit l'escalier en proférant d'horribles menaces.

Madame de Fermont, craignant qu'il ne revînt sur ses pas, et voyant la serrure brisée, traîna la table contre la porte afin de la barricader.

Claire avait été si émue, si bouleversée de cette horrible scène, qu'elle était retombée sur son grabat presque sans mouvement, en proie à une crise nerveuse.

Madame de Fermont, oubliant sa propre frayeur, courut à sa fille, la serra dans ses bras, lui fit boire un peu d'eau, et à force de soins, de caresses, parvint à la ranimer.

Elle la vit bientôt reprendre peu à peu ses sens et lui dit :

— Calme-toi... rassure-toi, ma pauvre enfant... Ce méchant homme s'en est allé... — puis la malheureuse mère s'écria avec un accent d'indignation et de douleur indicible. — C'est pourtant ce notaire qui est la cause première de toutes nos tortures...

Claire regardait autour d'elle avec autant d'étonnement que de crainte.

— Rassure-toi, mon enfant — reprit madame de Fermont en embrassant tendrement sa fille — ce misérable est parti...

— Mon Dieu, maman, s'il allait remonter? Tu vois bien, tu as crié au secours, et personne n'est venu... Oh! je t'en supplie, quittons cette maison... j'y mourrais de peur...

— Comme tu trembles!... tu as la fièvre.

— Non, non — dit la jeune fille pour rassurer sa mère — ce n'est rien, c'est la frayeur... cela se passe... Et toi... comment vas-tu? Donne tes mains... Mon Dieu, comme elles sont brûlantes. Vois-tu, c'est toi qui souffres, tu veux me le cacher.

— Ne crois pas cela, je me trouvais mieux que jamais; c'est l'émotion que cet homme m'a causée qui me rend ainsi; je dormais sur la chaise très-profondément, je ne me suis éveillée qu'en même temps que toi...

— Pourtant, maman, tes pauvres yeux sont bien rouges... bien enflammés!

— Ah! tu conçois, mon enfant, sur une chaise le sommeil repose moins... Vois-tu!

— Bien vrai? tu ne souffres pas?

— Non, non, je t'assure... Et toi?

— Ni moi non plus; seulement je tremble encore de peur. Je t'en supplie, maman, quittons cette maison...

— Et où irons-nous? Tu sais avec combien de peine nous avons trouvé ce malheureux cabinet... car nous sommes malheureusement sans papiers, et puis nous avons payé quinze jours d'avance, on ne nous rendrait pas notre argent... et il nous reste si peu, si peu... que nous devons ménager le plus possible.

— Peut-être M. de Saint-Remy te répondra-t-il un jour ou l'autre.

— Je ne l'espère plus... il y a si long-temps que je lui ai écrit.

— Il n'aura pas reçu ta lettre... Pourquoi ne lui écrirais-tu pas de nouveau! D'ici à Angers ce n'est pas si loin, nous aurions bien vite sa réponse.

— Ma pauvre enfant, tu sais combien cela m'a coûté... déjà...

— Que risques-tu? il est si bon malgré sa brusquerie! N'était-il pas un des plus vieux amis de mon père?... Et puis enfin il est notre parent....

— Mais il est pauvre lui-même; sa fortune est bien modeste... Peut-être ne nous répond-il pas pour s'éviter le chagrin de nous refuser...

— Mais s'il n'avait pas reçu ta lettre, maman?

— Et s'il l'a reçue, mon enfant... De deux choses l'une : ou il est lui-même dans une position trop gênée pour venir à notre secours.... ou il ne ressent aucun intérêt pour nous : alors à quoi bon nous exposer à un refus ou à une humiliation?

— Allons, courage, maman, il nous reste encore un espoir... Peut-être ce matin nous rapportera-t-on une bonne réponse....

— De M. d'Orbigny?

— Sans doute... Cette lettre dont vous aviez fait autrefois le brouillon était si simple, si touchante... exposait si naturellement notre malheur, qu'il aura pitié de nous... vraiment, je ne sais qui me dit que vous avez tort de désespérer de lui.

— Il a si peu de raison de s'intéresser à nous! il avait, il est vrai, autrefois connu ton père, et j'avais souvent entendu mon pauvre frère parler de M. d'Orbigny comme d'un homme avec lequel il avait eu de très-bonnes relations avant que celui-ci ne quittât Paris pour se retirer en Normandie avec sa jeune femme...

— C'est justement cela qui me fait espérer; il a une jeune femme, elle sera compatissante... Et puis, à la campagne, on peut faire tant de bien ! Il vous prendrait, je suppose, pour femme de charge, moi je travaillerais à la lingerie... Puisque M. d'Orbigny est très-riche, dans une grande maison il y a toujours de l'emploi.

— Oui; mais nous avons si peu de droits à son intérêt!...

— Nous sommes si malheureuses!..

— C'est un titre aux yeux des gens très-charitables, il est vrai.

— Espérons que M. d'Orbigny et sa femme le sont...

— Enfin, dans le cas où il ne faudrait rien attendre de lui, je surmonterais encore ma fausse honte, et j'écrirais à madame la duchesse de Lucenay.

— Cette dame dont M. de Saint-Remy nous parlait si souvent, dont il vantait sans cesse le bon cœur et la générosité?

— Oui, la fille du prince de Noirmont. Il l'a connue toute petite, et il la traitait presque comme son enfant... car il était intimement lié avec le prince... Madame de Lucenay doit avoir de nombreuses connaissances, elle pourrait peut-être trouver à nous placer.

— Sans doute, maman; mais je comprends ta réserve, tu ne la connais pas du tout, tandis qu'au moins mon père et mon pauvre oncle connaissaient un peu M. d'Orbigny.

— Enfin, dans le cas où madame de Lucenay ne pourrait rien faire pour nous, j'aurais recours à une dernière ressource.

— Laquelle, maman?

— C'est une bien faible... une bien folle espérance, peut-être; mais pourquoi ne pas la tenter?... le fils de M. de Saint-Remy est...

— M. de Saint-Remy a un fils? — s'écria Claire en interrompant sa mère avec étonnement.

— Oui, mon enfant, il a un fils...

— Il n'en parlait jamais... il ne venait jamais à Angers...

— En effet, et pour des raisons que tu ne peux connaître, M. de Saint-Remy, ayant quitté Paris il y a quinze ans, n'a pas revu son fils depuis cette époque.

— Quinze ans sans voir son père... cela est-il possible! mon Dieu...

— Hélas! oui, tu le vois... Je te dirai que le fils de M. de Saint-Remy étant fort répandu dans le monde, et fort riche...

— Fort riche?.. et son père est pauvre?

— Toute la fortune de M. de Saint-Remy fils vient de sa mère...

— Mais il n'importe... comment laisse-t-il son père?..

— Son père n'aurait rien accepté de lui.

— Pourquoi cela?

— C'est encore une question à laquelle je ne puis répondre, ma chère enfant. Mais j'ai entendu dire par mon pauvre frère qu'on vantait beaucoup la générosité de ce jeune homme... Jeune et généreux, il doit être bon... Aussi apprenant par moi que mon mari était l'ami intime de son père, peut-être voudra-t-il bien s'intéresser à nous pour tâcher de nous trouver de l'ouvrage ou de l'emploi... il a des relations si brillantes, si nombreuses, que cela lui sera facile...

— Et puis l'on saurait par lui peut-être si M. de Saint-Remy, son père, n'aurait pas quitté Angers avant que vous ne lui ayez écrit; cela expliquerait alors son silence.

— Je crois que M. de Saint-Remy, mon enfant, n'a conservé aucune relation. Enfin, c'est toujours à tenter...

— A moins que M. d'Orbigny ne vous réponde d'une manière favorable... et, je vous le répète, je ne sais pourquoi, malgré moi, j'ai de l'espoir.

— Mais voilà plusieurs jours que je lui ai écrit, mon enfant, lui exposant les causes de notre malheur, et rien... rien encore... Une lettre mise à la poste avant quatre heures du soir arrive le lendemain matin à la terre des Aubiers... depuis cinq jours, nous pourrions avoir reçu sa réponse...

— Peut-être cherche-t-il avant de t'écrire de quelle manière il pourra nous être utile avant de nous répondre.

— Dieu t'entende, mon enfant!

— Cela me paraît tout simple, maman... S'il ne pouvait rien pour nous, il t'en aurait instruite tout de suite.

— A moins qu'il ne veuille rien faire...

— Ah! maman... est-ce possible?.. dédaigner de nous répondre et nous laisser espérer quatre jours, huit jours, peut-être... car lorsqu'on est malheureux on espère toujours...

— Hélas! mon enfant, il y a quelquefois tant d'indifférence pour les maux que l'on ne connaît pas!

— Mais votre lettre...

— Ma lettre ne peut lui donner une idée de nos inquiétudes, de nos souffrances de chaque minute; ma lettre lui peindra-t-elle notre vie si malheureuse, nos humiliations de toutes sortes, notre existence dans cette affreuse maison, la frayeur que nous avons eue tout à l'heure encore?... ma lettre lui peindra-t-elle enfin l'horrible avenir qui nous attend, si... Mais, tiens... mon enfant, ne parlons pas de cela... Mon Dieu... tu trembles... tu as froid...

— Non, maman... ne fais pas attention; mais, dis-moi, supposons que tout nous manque, que le peu d'argent qui nous reste là, dans cette malle, soit dépensé... il serait donc possible que dans une ville riche comme Paris... nous mourrions toutes les deux de faim et de misère... faute d'ouvrage, et parce qu'un méchant homme t'a pris tout ce que tu avais?...

— Tais-toi, malheureuse enfant...

— Mais enfin, maman, cela est donc possible?...

— Hélas!..

— Mais Dieu, qui sait tout, qui peut tout, comment nous abandonne-t-il ainsi, lui que nous n'avons jamais offensé?

— Je t'en supplie, mon enfant, n'aie pas de ces idées désolantes... j'aime mieux encore te voir espérer, sans grande raison peut-être... Allons, rassure-moi au contraire par tes chères illusions; je ne suis que trop sujette au découragement... tu sais bien...

— Oui! oui! espérons... cela vaut mieux. Le neveu du portier va sans doute revenir aujourd'hui de la poste restante avec une lettre... Encore une course à payer... sur votre petit trésor... et par ma faute... Si je n'avais pas été si faible hier et aujourd'hui, nous serions allées à la poste nous-mêmes, comme avant-hier... mais vous n'avez pas voulu me laisser seule ici en y allant vous-même.

— Le pouvais-je... mon enfant?... Juge donc... tout à l'heure... ce misérable qui a enfoncé cette porte, si tu t'étais trouvée seule ici, pourtant?

— Oh! maman, tais-toi... rien qu'à y songer, cela épouvante...

A ce moment on frappa assez brusquement à la porte.

— Ciel... c'est lui! — s'écria madame de Fermont encore sous sa première impression de terreur... et elle poussa de toutes ses forces la table contre la porte.

Ses craintes cessèrent lorsqu'elle entendit la voix du père Micou.

— Madame, mon neveu André arrive de la poste restante... C'est une lettre avec une X et un Z pour adresse... ça vient de loin... Il y a huit sous de port et la commission... c'est vingt sous...

— Maman... une lettre de province, nous sommes sauvées... c'est de M. de Saint-Remy ou de M. d'Orbigny! Pauvre mère, tu ne souffriras plus, tu ne t'inquiéteras plus de moi, tu seras heureuse... Dieu est juste... Dieu est bon!... — s'écria la jeune fille, et un rayon d'espoir éclaira sa douce et charmante figure.

— Oh! monsieur, merci... donnez... donnez vite! — dit madame de Fermont en dérangeant la table à la hâte et en entre-bâillant la porte.

— C'est vingt sous, madame — dit le recéleur en montrant la lettre si impatiemment désirée.

— Je vais vous payer, monsieur.

— Ah! madame, par exemple... il n'y a pas de presse... Je monte aux combles; dans dix minutes je redescends, je prendrai l'argent en passant.

— Le revendeur remit la lettre à madame de Fermont et disparut.

— La lettre est de Normandie... Sur le timbre il y a *les Aubiers*... c'est de M. d'Orbigny! — s'écria madame de Fermont en examinant l'adresse : *A Madame X. Z., poste restante, à Paris* (1).

(1) Madame de Fermont ayant écrit cette lettre dans son dernier domicile, et ignorant alors où elle irait se loger, avait prié M. d'Orbigny de lui répondre poste restante; mais, faute de

— Eh bien! maman, avais-je raison!... Mon Dieu, comme le cœur me bat!..

— Notre bon ou mauvais sort est là pourtant... — dit madame de Fermont d'une voix altérée, en montrant la lettre.

Deux fois sa main tremblante s'approcha du cachet pour le rompre.

Elle n'en eut pas le courage.

Peut-on espérer de peindre la terrible angoisse à laquelle sont en proie ceux qui, comme madame de Fermont, attendent d'une lettre l'espoir ou le désespoir?

La brûlante et fiévreuse émotion du joueur dont les dernières pièces d'or sont aventurées sur une carte, et qui, haletant, l'œil enflammé, attend d'un coup décisif sa ruine ou son salut, cette émotion si violente donnerait pourtant à peine une idée de la terrible angoisse dont nous parlons.

En une seconde l'âme s'élève jusqu'à la plus radieuse espérance, ou retombe dans un découragement mortel, selon qu'il croit être se-

passe-port pour retirer sa lettre au bureau, elle avait indiqué une de ces adresses d'initiales qu'il suffit de désigner pour qu'on vous remette la lettre qui porte cette suscription.

couru ou repoussé. Le malheureux passe tour à tour par les émotions les plus violemment contraires : ineffables élans de bonheur et de reconnaissance envers le cœur généreux qui s'est apitoyé sur un sort misérable, amers et douloureux ressentiments contre l'égoïste indifférence !

Lorsqu'il s'agit d'infortunes méritantes, ceux qui donnent souvent donneraient peut-être toujours... et ceux qui refusent toujours donneraient peut-être souvent, s'ils savaient ou s'ils voyaient ce que l'espoir d'un appui bienveillant ou ce que la crainte d'un refus dédaigneux... ce que *leur volonté* enfin... peut soulever d'ineffable ou d'affreux dans le cœur de ceux qui les implorent.

— Quelle faiblesse ! — dit madame de Fermont avec un triste sourire en s'asseyant sur le lit de sa fille — encore une fois, ma pauvre Claire, notre sort est là... — Elle montrait la lettre. — Je brûle de le connaître et je n'ose... Si c'est un refus, hélas ! il sera toujours assez tôt...

— Et si c'est une promesse de secours — dis, maman... Si cette pauvre petite lettre contient de bonnes et consolantes paroles qui nous rassureront sur l'avenir en nous promettant un modeste emploi dans la maison de M. d'Orbigny, chaque minute de perdue n'est-elle pas un moment de bonheur perdu?

— Oui, mon enfant, mais si au contraire...

— Non, maman, vous vous trompez, j'en suis sûre. Quand je vous disais que M. d'Orbigny n'avait autant tardé à vous répondre que pour pouvoir vous donner quelque certitude favorable... Permettez-moi de voir la lettre, maman; je suis sûre de deviner, seulement à l'écriture, si la nouvelle est bonne ou mauvaise. Tenez, j'en suis sûre maintenant, dit Claire en prenant la lettre; — rien qu'à voir cette bonne écriture simple, droite et ferme, on devine une main loyale et généreuse habituée à s'offrir à ceux qui souffrent...

— Je t'en supplie, Claire, pas de folles espérances, sinon j'oserais encore moins ouvrir cette lettre...

— Mon Dieu, bonne petite maman, sans l'ouvrir, moi je puis te dire à peu près ce qu'elle contient; écoute-moi : Madame, votre sort et celui de votre fille sont si dignes d'intérêt, que je vous prie de vouloir bien vous rendre auprès de moi dans le cas où vous voudriez vous charger de la surveillance de ma maison...

— De grâce, mon enfant, je t'en supplie encore... pas d'espoir insensé... le réveil sera.t affreux... Voyons, du courage — dit madame de Fermont en prenant la lettre des mains de sa fille et s'apprêtant à briser le cachet.

— Du courage? Pour vous, à la bonne heure! — dit Claire souriant, et entraînée par un de ces accès de confiance si naturels à son âge : — moi, je n'en ai pas besoin; je suis sûre de ce que j'avance. Tenez, voulez-vous que j'ouvre la lettre? que je la lise?... Donnez, peureuse...

— Oui... j'aime mieux cela, tiens... Mais non, non, il vaut mieux que ce soit moi.

Et madame de Fermont rompit le cachet, avec un terrible serrement de cœur.

Sa fille, aussi profondément émue, malgré son apparente confiance, respirait à peine.

— Lis tout haut, maman — dit-elle.

— La lettre n'est pas longue; elle est de la comtesse d'Orbigny — dit madame de Fermont en regardant la signature.

— Tant mieux, c'est bon signe... Vois-tu,

maman, cette excellente jeune dame aura voulu te répondre elle-même.

— Nous allons voir.

Et madame de Fermont lut ce qui suit d'une voix tremblante :

« Madame,

» M. le comte d'Orbigny, fort souffrant depuis quelque temps, n'a pu vous répondre pendant mon absence... »

— Vois-tu, maman, il n'y a pas de sa faute.

— Écoute, écoute...

« Arrivée ce matin de Paris, je m'empresse de vous écrire, madame, après avoir conféré de votre lettre avec M. d'Orbigny. Il se rappelle fort confusément les relations que vous dites avoir existé entre lui et monsieur votre frère. Quant au nom de monsieur votre mari, madame, il n'est pas inconnu à M. d'Orbigny ; mais il ne peut se rappeler en quelle circonstance il l'a entendu prononcer. La prétendue spoliation dont vous accusez si légèrement M. Jacques Ferrand, que nous avons le bonheur d'avoir pour notaire, est, aux yeux de M. d'Orbigny, une cruelle calomnie dont vous n'avez sans doute pas calculé la portée.

Ainsi que moi, madame, mon mari connaît et admire l'éclatante probité de l'homme respectable et pieux que vous attaquez si aveuglément. C'est vous dire, madame, que M. d'Orbigny, prenant sans doute part à la fâcheuse position dans laquelle vous vous trouvez, et dont il ne lui appartient pas de rechercher la véritable cause, se voit dans l'impossibilité de vous secourir.

» Veuillez recevoir, madame, avec l'expression de tous les regrets de M. d'Orbigny, l'assurance de mes sentiments les plus distingués.

» Comtesse d'ORBIGNY. »

La mère et la fille se regardèrent avec une stupeur douloureuse, incapables de prononcer une parole.

Le père Micou frappa à la porte et dit :

— Madame, est-ce que je peux entrer, pour le port et pour la commission? C'est vingt sous.

— Ah! c'est juste, une si bonne nouvelle... vaut bien ce que nous dépensons en deux jours pour notre existence... — dit madame de Fermont avec un sourire amer ; et laissant la lettre sur le lit de sa fille, elle alla vers une vieille malle sans serrure, se baissa et l'ouvrit.

— Nous sommes volées!... — s'écria la malheureuse femme avec épouvante — rien... plus rien ! — ajouta-t-elle d'une voix morne.

Et, anéantie, elle s'appuya sur la malle.

—Que dis-tu, maman?.. le sac d'argent?..

Mais madame de Fermont, se relevant vivement, sortit de la chambre, et s'adressant au revendeur qui se trouvait ainsi avec elle sur le palier :

— Monsieur — lui dit-elle, l'œil étincelant, les joues colorées par l'indignation et par l'épouvante — j'avais un sac d'argent dans cette malle... on me l'a volé avant-hier sans doute, car je suis sortie pendant une heure avec ma fille... Il faut que cet argent se retrouve... entendez-vous? vous en êtes responsable.

—On vous a volée! ça n'est pas vrai ; ma maison est honnête — dit insolemment et brutalement le recéleur — vous dites cela pour ne pas me payer mon port de lettre et ma commission.

— Je vous dis, monsieur, que cet argent étant tout ce que je possédais au monde, on me l'a volé ; il faut qu'il se retrouve, ou je porte ma plainte. Oh! je ne ménagerai rien, je ne respecterai rien... voyez-vous... je vous en avertis!

— Ça serait joli, vous qui n'avez pas seulement de papiers... allez-y donc porter votre plainte!... allez-y donc tout de suite... je vous en défie... moi!

La malheureuse femme était atterrée.

Elle ne pouvait sortir et laisser sa fille seule, alitée depuis la frayeur que le gros boiteux lui avait faite le matin, et surtout après les menaces que lui adressait le revendeur.

Celui-ci reprit :

— C'est une frime, vous n'avez pas plus de sac d'argent que de sac d'or, vous voulez ne pas me payer mon port de lettre, n'est-ce pas? Bon! ça m'est égal!... quand vous passerez devant ma porte, je vous arracherai votre vieux châle noir... des épaules; il est bien pané, mais il vaut toujours au moins vingt sous.

— Ah! monsieur — s'écria madame de Fermont en fondant en larmes — de grâce, ayez pitié de nous... cette faible somme est tout ce que nous possédons, ma fille et moi; cela volé, mon Dieu, il ne nous reste plus rien... rien, entendez-vous?... rien... qu'à mourir de faim!..

— Que voulez-vous que j'y fasse... moi? S'il est vrai qu'on vous a volée... et de l'argent encore (ce qui me paraît louche), il y a long-temps qu'il est frit... l'argent !

— Mon Dieu! mon Dieu!..

— Le gaillard qui a fait le coup n'aura pas été assez bon enfant pour marquer les pièces et les garder ici pour se faire pincer, si c'est quelqu'un de la maison, et je ne le crois pas ; car, ainsi que je le disais encore ce matin à l'oncle de la dame du premier, ici c'est un vrai hameau ; si l'on vous a volée... c'est un malheur. Vous déposeriez cent mille plaintes que vous n'en retireriez pas un centime... vous n'en serez pas plus avancée... je vous le dis... croyez-moi... Eh bien! — s'écria le recéleur, en s'interrompant et en voyant madame de Fermont chanceler — qu'est-ce que vous avez?.. vous pâlissez?.. Prenez donc garde !... mademoiselle, votre mère se trouve mal... — ajouta le revendeur en s'avançant assez à temps pour retenir la malheureuse mère, qui, frappée par ce dernier coup, se sentait défaillir; l'énergie factice qui la soutenait depuis si long-temps cédait à cette nouvelle atteinte.

— Ma mère... mon Dieu, qu'avez-vous? — s'écria Claire toujours couchée.

Le recéleur encore vigoureux, malgré ses cinquante ans, saisi d'un mouvement de pitié passagère, prit madame de Fermont entre ses bras, poussa du genou la porte pour entrer dans le cabinet et dit :

— Mademoiselle, pardon, d'entrer pendant que vous êtes couchée, mais faut pourtant que je vous ramène votre mère... elle est évanouie... ça ne peut pas durer.

En voyant cet homme entrer, Claire poussa un cri d'effroi, et la malheureuse enfant se cacha du mieux qu'elle put sous sa couverture.

Le revendeur assit madame de Fermont sur

la chaise à côté du lit de sangle, et se retira, laissant la porte entr'ouverte, le gros boiteux en ayant brisé la serrure.

. . . .

Une heure après cette dernière secousse, la violente maladie qui depuis long-temps couvait et menaçait madame de Fermont avait éclaté.

En proie à une fièvre ardente, à un délire affreux, la malheureuse femme était couchée dans le lit de sa fille, éperdue, épouvantée, qui, seule, presque aussi malade que sa mère, n'avait ni argent ni ressources, et craignait à chaque instant de voir entrer le bandit qui logeait sur le même palier.

. . . .

CHAPITRE VII.

LA RUE DE CHAILLOT.

Nous précéderons de quelques heures M. Badinot, qui, du passage de la Brasserie, se rendait en hâte chez le vicomte de Saint-Remy.

Ce dernier, nous l'avons dit, demeurait rue de Chaillot, et occupait seul une charmante petite maison, bâtie entre cour et jardin, dans ce quartier solitaire, quoique très-voisin des Champs-Élysées, la promenade la plus à la mode de Paris.

Il est inutile de nombrer les avantages que M. de Saint-Remy, spécialement homme à bonnes fortunes, retirait de la position d'une demeure si savamment choisie. Disons seulement qu'une femme pouvait entrer très-secrètement chez lui, par une petite porte de son vaste jardin qui s'ouvrait sur une ruelle absolument déserte, communiquant de la rue Marbeuf à la rue de Chaillot.

Enfin, par un miraculeux hasard, l'un des plus beaux établissements d'horticulture de Paris avait aussi, dans ce passage écarté, une sortie peu fréquentée; les mystérieuses visiteuses de M. de Saint-Rémy, en cas de surprise ou de rencontre imprévue, étaient donc armées d'un prétexte parfaitement plausible et *bucolique* pour s'aventurer dans la ruelle fatale :

Elles allaient (pouvaient-elles dire) choisir des fleurs rares chez un célèbre jardinier-fleuriste renommé par la beauté de ses serres chaudes.

Ces belles visiteuses n'auraient d'ailleurs menti qu'à demi : le vicomte, largement doué de tous les goûts d'un luxe distingué, avait une charmante serre-chaude qui s'étendait en partie le long de la ruelle dont nous avons parlé; la petite porte dérobée donnait dans ce délicieux jardin d'hiver, qui aboutissait à un boudoir (qu'on nous pardonne cette expression surannée) situé au rez-de-chaussée de la maison.

Il serait donc permis de dire sans métaphore qu'une femme qui passait ce seuil dangereux pour entrer chez M. de Saint-Rémy courait à sa perte *par un sentier fleuri ;* car l'hiver surtout, cette élégante allée était bordée de véritables buissons de fleurs éclatantes et parfumées.

Madame de Lucenay, jalouse comme une femme passionnée, avait exigé une clef de cette petite porte.

Si nous insistons quelque peu sur *le caractère* général de cette singulière habitation, c'est qu'elle reflétait, pour ainsi dire, une de ces existences dégradantes qui, de jour en jour, deviennent heureusement plus rares, mais qu'il est bon de signaler comme une des bizarreries de l'époque; nous voulons parler de l'existence de ces hommes qui sont aux femmes ce que les courtisanes sont aux hommes; faute d'une expression plus particulière, nous appellerions ces gens-là des *hommes-courtisanes*, si cela se pouvait dire.

L'intérieur de la maison de M. de Saint-Remy offrait, sous ce rapport, un aspect curieux, ou plutôt cette maison était séparée en deux zones très-distinctes :

Le rez-de-chaussée, où il recevait les femmes.

Le premier étage, où il recevait ses compagnon de jeu, de table, de chasse, ce qu'on appelle enfin *des amis...*

Ainsi, au rez-de-chaussée se trouvait une chambre à coucher qui n'était qu'or, glaces, fleurs, satin et dentelles, un petit salon de musique où l'on voyait une harpe et un piano (M. de Saint-Remy était excellent musicien), un cabinet de tableaux et de curiosités, le boudoir communiquant à la serre-chaude; une salle à manger pour *deux personnes*, servie et desservie par un tour; une salle de bains, modèle achevé du luxe et du raffinement oriental, et tout auprès une petite bibliothèque en partie formée d'après le catalogue de celle que La Mettrie avait colligée pour le grand Frédéric.

Il est inutile de dire que toutes ces pièces, meublées avec un goût exquis, avec une recherche véritablement *sardanapalesque*, avaient pour ornements des Vatteau peu *connus*, des Boucher *inédits*, des groupes de biscuit ou de terre cuite de Clodion, et sur des socles de jaspe ou de brèche antique quelques précieuses copies des plus jolis groupes du Musée, en marbre blanc. Joignez à cela, l'été, pour perspective, les vertes profondeurs d'un jardin touffu, solitaire, encombré de fleurs, peuplé d'oiseaux, arrosé d'un petit ruisseau d'eau vive, qui, avant de se répandre sur la fraîche pelouse, tombe du haut d'une roche noire et agreste, y brille comme un pli de gaze d'argent, et se fond en lame nacrée dans un bassin limpide où de beaux cygnes blancs se jouent avec grâce.

Et quand venait la nuit tiède et sereine, que d'ombre, que de parfum, que de silence dans les bosquets odorants dont l'épais feuillage servait de dais aux sofas rustiques faits de joncs et de nattes indiennes!

Pendant l'hiver, au contraire, excepté la porte de glace qui s'ouvrait sur la serre-chaude, tout était bien clos: la soie transparente des stores, le réseau de dentelle des rideaux rendaient le jour plus mystérieux encore; sur tous les meubles des masses de végétaux exotiques semblaient jaillir de grandes coupes étincelantes d'or et d'émail.

Dans cette retraite silencieuse, remplie de fleurs odorantes, de tableaux voluptueux, on aspirait une sorte d'atmosphère amoureuse, enivrante, qui plongeait l'âme et les sens dans de brûlantes langueurs...

Enfin, pour *faire les honneurs* de ce temple qui paraissait élevé à l'amour antique ou aux divinités nues de la Grèce, un homme, jeune et beau, élegant et distingué, tour à tour spirituel ou tendre, romanesque ou libertin, tantôt moqueur et gai jusqu'à la folie, tantôt plein de charme et de grâce, excellent musicien, doué d'une de ces voix vibrantes, passionnées, que les femmes ne peuvent entendre chanter sans ressentir une impression profonde... presque physique, enfin un homme amoureux surtout... amoureux toujours... tel était le vicomte.

A Athènes il eût été sans doute admiré, exalté, déifié à l'égal d'Alcibiade; de nos jours, et à l'époque dont nous parlons, le vicomte n'était plus qu'un ignoble faussaire, qu'un misérable escroc.

Le premier étage de la maison de M. de Saint-Remy avait au contraire un aspect tout viril.

C'est là qu'il recevait ses nombreux amis, tous d'ailleurs de la meilleure compagnie.

Là, rien de coquet, rien d'efféminé, un ameublement simple et sévère, pour ornements de belles armes, des portraits de chevaux de course, qui avaient gagné au vicomte bon nombre de magnifiques vases d'or et d'argent posés sur les meubles; la tabagie et le salon de jeu avoisinaient une joyeuse salle à manger, où huit personnes (nombre de convives strictement limité lorsqu'il s'agit d'un dîner *savant*) avaient bien des fois apprécié l'excellence du cuisinier et le non moins excellent mérite de la cave du vicomte, avant de tenir contre lui quelque *nerveuse* partie de whiste de cinq à six cents louis, ou d'agiter bruyamment les cornets d'un creps infernal.

Ces deux nuances assez tranchées de l'habitation de M. de Saint-Remy exposées, le lecteur voudra bien nous suivre dans des régions plus infimes, entrer dans la cour des remises et monter le petit escalier qui conduisait au très-confortable appartement d'Edwards Patterson, chef d'écurie de M. de Saint-Remy.

Cet illustre coachman avait invité à déjeuner M. Boyer, valet de chambre de confiance du vicomte. Une très-jolie servante anglaise s'étant retirée après avoir apporté la théière d'argent, nos deux personnages restèrent seuls.

Edwards était âgé de quarante ans environ; jamais plus habile et plus gros cocher ne fit gémir son siége sous une rotondité plus imposante, n'encadra dans sa perruque blanche une figure plus rubiconde, et ne réunit plus élégamment dans sa main gauche les quadruples guides d'un *four-in-hand;* aussi fin connaisseur en chevaux que Tatersail de Londres, ayant été dans sa jeunesse aussi bon *entraîneur* que le vieux et célèbre Chiffney, le vicomte avait trouvé dans Edwards, chose rare, un excellent cocher et un homme très-capable de diriger l'entraînement de quelques chevaux de course qu'il avait eus pour tenir des paris.

Edwards, lorsqu'il n'étalait pas sa somptueuse livrée brune et argent sur la housse blasonnée de son siége, ressemblait fort à un honnête fermier anglais ; c'est sous cette dernière apparence que nous le présenterons au lecteur, en ajoutant toutefois que sous cette face, large et colorée, on devinait l'impitoyable et diabolique astuce d'un maquignon.

M. Boyer, son convive, valet de chambre de confiance du vicomte, était un grand homme mince, à cheveux gris et plats, au front chauve, au regard fin, à la physionomie froide, discrète et réservée; il s'exprimait en termes choisis, avait des manières polies, aisées, quelque peu de lettres, des opinions politiques conservatrices, et pouvait honorablement tenir sa partie de premier violon dans un quatuor d'amateurs ; de temps en temps, il prenait du meilleur air du monde une prise de tabac dans une tabatière d'or rehaussée de perles fines... après quoi il secouait négligemment du revers de sa main, aussi soignée que celle de son maître, les plis de sa chemise de fine toile de Hollande.

— Savez-vous, mon cher Edwards — dit Boyer — que votre servante Betty fait une petite cuisine bourgeoise fort supportable.

— Ma foi c'est une bonne fille — dit Edwards qui parlait parfaitement français — et je l'emmenerai avec moi dans mon établissement, si toutefois je me décide à le prendre ; et à ce propos, puisque nous voici seuls, mon cher Boyer, parlons affaires, vous les entendez très-bien.

— Mais oui, un peu — dit modestement Boyer en prenant une prise de tabac. — Cela s'apprend si naturellement... quand on s'occupe de celles des autres.

— J'ai donc un conseil très-important à vous demander ; c'est pour cela que je vous avais prié de venir prendre une tasse de thé avec moi.

— Tout à votre service, mon cher Edwards.

— Vous savez qu'en dehors des chevaux de course, j'avais un forfait avec M. le vicomte, pour l'entretien complet de son écurie, bêtes et gens, c'est-à-dire huit chevaux et cinq ou six grooms et boys, à raison de 24,000 fr. par an, mes gages compris.

— C'était raisonnable.

— Pendant quatre ans, M. le vicomte m'a exactement payé ; mais vers le milieu de l'an passé, il m'a dit : « — Edwards, je vous dois environ 24,000 francs. Combien estimez-vous, au plus bas prix, mes chevaux et mes voitures ? — Monsieur le vicomte, les huit chevaux ne peuvent pas être vendus moins de 3,000 francs chaque, l'un dans l'autre, et encore c'est donné (et c'est vrai, Boyer ; car la paire de chevaux de phaëton a été payée 500 guinées), ça fera donc 24,000 francs pour les chevaux. Quant aux voitures, il y en a quatre, mettons 12,000 francs, ce qui, joint aux 24,000 francs des chevaux, fait 36,000 francs. — Eh bien ! — a repris M. le vicomte — achetez-moi le tout à ce prix-là, à condition que pour les 12,000 francs que vous me redevrez, vos avances remboursées, vous entretiendrez et laisserez à ma disposition chevaux, gens et voitures pendant six mois.

— Et vous avez sagement accepté le marché Edwards ? C'était une affaire d'or.

— Sans doute ; dans quinze jours les six mois seront écoulés, je rentre dans la propriété des chevaux et des voitures.

— Rien de plus simple. L'acte a été rédigé par M. Badinot, l'homme d'affaires de M. le vicomte. En quoi avez-vous besoin de mes conseils?

— Que dois-je faire? Vendre les chevaux et les voitures par cause de départ de M. le vicomte, et tout se vendra très-bien, car il est connu pour le premier amateur de Paris; ou bien dois-je m'établir marchand de chevaux, avec mon écurie, qui ferait un joli commencement? Que me conseillez-vous?

— Je vous conseille de faire ce que je ferai moi-même.

— Comment?

— Je me trouve dans la même position que vous.

— Vous?

— M. le vicomte déteste les détails; quand je suis entré ici j'avais d'économies et de patrimoine une soixantaine de mille francs, j'ai fait les dépenses de la maison comme vous celles de l'écurie, et tous les ans M. le vicomte m'a payé sans examen; à peu près à la même époque que vous, je me suis trouvé à découvert, pour moi, d'une vingtaine de mille francs, et, pour les fournisseurs, d'une soixantaine; alors M. le vicomte m'a proposé comme à vous, pour me rembourser, de me vendre le mobilier de cette maison, y compris l'argenterie qui est très-belle, de très-bons tableaux, etc.; le tout a été estimé au plus bas prix 140,000 francs. Il y avait 80,000 francs à payer, restait 60,000 francs que je devais affecter, jusqu'à leur entier épuisement, aux dépenses de la table, aux gages des gens, etc., et non à autre chose : c'était une condition du marché.

— Parce que sur ces dépenses vous gagniez encore.

— Nécessairement, car j'ai pris des arrangements avec les fournisseurs que je ne paierai qu'après la vente — dit Boyer en aspirant une forte prise de tabac — de sorte qu'à la fin de ce mois-ci...

— Le mobilier est à vous comme les chevaux et les voitures sont à moi.

— Évidemment. M. le vicomte a gagné à cela de vivre pendant les derniers temps comme il aime à vivre... en grand seigneur, et ceci à la barbe de ses créanciers; car mobilier, argenterie, chevaux, voitures, tout avait été payé comptant à sa majorité, et était devenu notre propriété à vous et à moi.

— Ainsi, M. le vicomte se sera ruiné?...

— En cinq ans...

— Et M. le vicomte avait hérité?...

— D'un pauvre petit million comptant — dit assez dédaigneusement M. Boyer en prenant une prise de tabac — ajoutez à ce million 200,000 francs de dettes environ, c'est passable... C'était donc pour vous dire, mon cher Edwards, que j'avais eu l'intention de louer cette maison admirablement meublée, comme elle l'est, à des Anglais, linge, cristaux, porcelaine, argenterie, serre-chaude; quelques-uns de vos compatriotes auraient payé cela fort cher.

— Sans doute. Pourquoi ne le faites-vous pas?

— Oui, mais les non-valeurs! c'est chanceux, je me décide donc à vendre le mobilier. M. le vicomte est aussi tellement cité comme connaisseur en meubles précieux, en objets d'art, que ce qui sortira de chez lui aura toujours une double valeur; de la sorte, je réaliserai une somme ronde. Faites comme moi, Edwards, réalisez, réalisez, et n'aventurez pas vos gains dans des spéculations; vous, premier cocher de M. le vicomte de Saint-Remy, c'est à qui voudra vous avoir : on m'a justement parlé hier d'un mineur émancipé, un cousin de madame la duchesse de Lucenay, le jeune duc de Montbrison, qui arrive d'Italie avec son précepteur, et qui monte sa maison. Deux cent cinquante bonnes mille livres de rentes en terre... mon cher Edwards, deux cent cinquante mille livres de rentes... Et avec cela entrant dans la vie... Vingt ans, toutes les illusions de la confiance, tous les enivrements de la dépense... prodigue comme un prince... Je connais l'intendant, je puis vous dire cela en confidence; il m'a déjà presque agréé comme premier valet de chambre... il me protége... le niais.

Et M. Boyer leva les épaules en aspirant violemment sa prise de tabac.

— Vous espérez le débusquer?

— Parbleu! c'est un imbécile... ou un impertinent. Il me met là,... comme si je n'étais pas à craindre pour lui ! Avant deux mois je serai à sa place.

— Deux cent cinquante mille livres de rentes en terres !.. — reprit Edwards en réfléchissant — et jeune homme... c'est une bonne maison...

— Je vous dis qu'il y a de quoi faire... Je parlerai pour vous à mon protecteur — dit M. Boyer avec ironie. — Entrez là... c'est une fortune qui a des racines et à laquelle on peut s'attacher pour long-temps. Ce n'est pas comme ce malheureux million de M. le vicomte, une vraie boule de neige : un rayon du soleil parisien, et tout est dit. J'ai bien vu tout de suite que je ne serais ici qu'un oiseau de passage : c'est dommage ; car cette maison nous faisait honneur, et jusqu'au dernier moment je servirai M. le comte avec le respect et l'estime qui lui est due.

— Ma foi, mon cher Boyer, je vous remercie et j'accepte votre proposition ; mais j'y songe, si je proposais à ce jeune duc l'écurie de M. le vicomte? Elle est toute prête, elle est connue et admirée de tout Paris.

— C'est juste, vous pouvez faire là une affaire d'or.

— Mais vous-même, pourquoi ne pas lui proposer cette maison si admirablement montée en tout, que trouverait-il de mieux ?

— Pardieu ! Edwards, vous êtes un homme d'esprit, ça ne m'étonne pas, mais vous me donnez là une excellente idée ; il faut nous adresser à M. le vicomte, il est si bon maître qu'il ne nous refusera pas de parler pour nous au jeune duc ; il lui dira que, partant pour la légation de Gerolstein où il est attaché, il veut se défaire de tout son établissement. Voyons, 160,000 fr. pour la maison toute meublée, 20,000 fr. pour l'argenterie et les tableaux, 50,000 fr. pour l'écurie et les voitures, ça fait 230,000 fr. ; c'est une affaire excellente pour un jeune homme qui veut se monter de tout ; il dépenserait trois fois cette somme avant de réunir quelque chose d'aussi complétement élégant et choisi que l'ensemble de cet établissement... Car il faut l'avouer, Edwards, il n'y en a pas un second comme M. le vicomte pour entendre la vie...

— Et les chevaux !

— Et la bonne chère! Godefroi, son cuisinier sort d'ici cent fois meilleur qu'il n'y est entré; M. le vicomte lui a donné d'excellents conseils, l'avait énormément raffiné.

— Par là-dessus on dit que M. le vicomte est si beau joueur.

— Admirable... gagnant de grosses sommes avec encore plus d'indifférence qu'il ne perd... Et pourtant je n'ai jamais vu perdre plus galamment.

— Et les femmes! Boyer, les femmes!! Ah! vous pourriez en dire long là-dessus, vous qui entrez seul dans les appartements du rez-de-chaussée...

— J'ai mes secrets comme vous avez les vôtres, mon cher.

— Les miens?

— Quand M. le vicomte faisait courir, n'aviez-vous pas aussi vos confidences? Je ne veux pas attaquer la probité des jockeys de vos adversaires... Mais enfin certains bruits...

— Silence, mon cher Boyer; un gentleman ne compromet pas plus la réputation d'un jockey adverse qui a eu la faiblesse de l'écouter...

— Qu'un galant homme ne compromet la réputation d'une femme qui a eu des bontés pour lui ; aussi, vous dis-je, gardons nos secrets, ou plutôt les secrets de M. le vicomte, mon cher Edwards.

— Ah! çà... qu'est-ce qu'il va faire maintenant?

— Partir pour l'Allemagne avec une bonne voiture de voyage et sept ou huit mille francs qu'il saura bien trouver. Oh! je ne suis pas embarrassé de M. le vicomte; il est de ces personnages qui retombent toujours sur leurs jambes, comme on dit...

— Et il n'a plus aucun héritage à attendre?

— Aucun, car son père a tout juste une petite aisance.

— Son père?

— Certainement...

— Le père de M. le vicomte n'est pas mort?..

— Il ne l'était pas, du moins, il y a cinq ou six mois; M. le vicomte lui a écrit pour certains papiers de famille...

— Mais on ne le voit jamais ici?..

— Par une bonne raison : depuis une quinzaine d'années il habite en province, à Angers.

— Mais M. le vicomte ne va pas le visiter?
— Son père?
— Oui.
— Jamais... jamais... ah bien oui!
— Ils sont donc brouillés?

— Ce que je vais vous dire n'est pas un secret, car je le tiens de l'ancien homme de confiance de M. le prince de Noirmont.

— Le père de madame de Lucenay?

Dit Edwards avec un regard malin et significatif dont M. Boyer, fidèle à ses habitudes de réserve et de discrétion, n'eut pas l'air de comprendre la signification; il reprit donc froidement :

— Madame la duchesse de Lucenay est en effet fille de M. le prince de Noirmont; le père de M. le vicomte était intimement lié avec le prince; madame la duchesse était alors toute jeune personne, et M. de Saint-Remy père, qui l'aimait beaucoup, la traitait aussi familièrement que si elle eût été sa fille. Je tiens ces détails de Simon, l'homme de confiance du prince ; je puis parler sans scrupules, car l'aventure que je vais vous raconter a été dans le temps la fable de tout Paris. Malgré ses soixante ans, le père de M. le vicomte est un homme d'un caractère de fer, d'un courage de lion, d'une probité que je me permettrai d'appeler fabuleuse ; il ne possédait presque rien, et avait épousé par amour la mère de M. le vicomte, jeune personne assez riche, qui possédait le million à la fonte duquel nous venons d'avoir l'honneur d'assister.

Et M. Boyer s'inclina.

Edwards l'imita.

— Le mariage fut très-heureux jusqu'au moment où le père de M. le vicomte trouva, dit-on, par hasard, de diables de lettres qui prouvaient évidemment que, pendant une de ses absences, trois ou quatre ans après son mariage, sa femme avait eu une tendre faiblesse pour un certain comte polonais.

— Cela arrive souvent aux Polonais. Quand j'étais chez M. le marquis de Senneval, madame la marquise... une enragée...

M. Boyer interrompit son compagnon.

— Vous devriez, mon cher Edwards, savoir

les alliances de nos grandes familles avant de parler ; sans cela, vous vous réservez de cruels mécomptes.

— Comment ?

— Madame la marquise de Senneval est la sœur de M. le duc de Montbrison, où vous désirez entrer...

— Ah ! diable !

— Jugez de l'effet, si vous aviez été parler d'elle en des termes pareils devant des envieux ou des délateurs, vous ne seriez pas resté vingt-quatre heures dans la maison.

— C'est juste, Boyer... je tâcherai de connaître les alliances..

— Je reprends... Le père de M. le vicomte découvrit donc, après douze ou quinze ans d'un mariage jusque-là fort heureux, qu'il avait à se plaindre d'un comte polonais. Malheureusement ou heureusement M. le vicomte était né neuf mois après que son père... ou plutôt que M. le comte de Saint-Remy était revenu de ce fatal voyage, de sorte qu'il ne pouvait pas être certain, malgré de grandes probabilités, que M. le vicomte fût le fruit de l'adultère. Néanmoins M. le comte se sépara à l'instant de sa femme, ne voulut pas toucher à un sou de la fortune qu'elle lui avait apportée, et se retira en province avec environ 80,000 francs qu'il possédait ; mais vous allez voir la rancune de ce caractère diabolique. Quoique l'outrage datât de quinze ans lorsqu'il le découvrit, et qu'il dût y avoir prescription, le père de M. le vicomte, accompagné de M. de Fermont, un de ses parents, se mit aux trousses du Polonais séducteur, et l'atteignit à Venise, après l'avoir cherché pendant dix-huit mois dans presque toutes les villes de l'Europe.

— Quel obstiné !...

— Une rancune de démon, vous dis-je, mon cher Edwards !.. A Venise eut lieu un duel terrible, dans lequel le Polonais fut tué. Tout s'était passé loyalement ; mais le père de M. le vicomte montra, dit-on, une joie si féroce de voir le Polonais blessé mortellement, que son parent, M. de Fermont, fut obligé de l'arracher du lieu du combat... Le comte voulant voir, disait-il, expirer son ennemi sous ses yeux.

— Quel homme ! quel homme !

— Le comte, lui, revint à Paris, alla chez sa femme, lui annonça qu'il venait de tuer le Polonais, et repartit. Depuis, il n'a jamais revu ni elle ni son fils, et il s'est retiré à Angers ; c'est là qu'il vit, dit-on, comme un vrai loup-garou, avec ce qui lui reste de ses 80,000 fr., bien écornés par ses courses après le Polonais, comme vous pensez. A Angers il ne voit personne, si ce n'est la femme et la fille de son parent, M. de Fermont, qui est mort depuis quelques années. Du reste, cette famille a du malheur, car le frère de madame de Fermont s'est brûlé, dit-on, la cervelle il y a plusieurs mois.

— Et la mère de M. le vicomte?

— Il l'a perdue il y a long-temps. C'est pour cela que M. le vicomte, à sa majorité, a joui de la fortune de sa mère... Vous voyez donc bien, mon cher Edwards, qu'en fait d'héritage M. le vicomte n'a rien ou presque rien à attendre de son père...

— Qui du reste doit le détester?

— Il n'a jamais voulu le voir depuis la découverte en question, persuadé sans doute qu'il est fils du Polonais.

L'entretien des deux personnages fut interrompu par un valet de pied géant, soigneusement poudré, quoiqu'il fût à peine onze heures.

— Monsieur Boyer, M. le vicomte a sonné deux fois — dit le géant.

Boyer parut désolé d'avoir manqué à son service, se leva précipitamment et suivit le domestique avec autant d'empressement et de respect que s'il n'eût pas été le propriétaire de la maison de son maître.

CHAPITRE VIII.

LE COMTE DE SAINT-REMY.

Il y avait environ deux heures que Boyer, quittant Edwards, s'était rendu auprès de M. de Saint-Remy, lorsque le père de ce dernier vint frapper à la porte cochère de la maison de la rue de Chaillot.

Le comte de Saint-Remy était un homme de haute taille, encore alerte et vigoureux malgré son âge; la couleur presque cuivrée de son teint contrastait étrangement avec la blancheur éclatante de sa barbe et de ses cheveux; ses épais sourcils restés noirs recouvraient à demi ses yeux perçants, profondément enfoncés dans leur orbite. Quoiqu'il portât par une sorte de manie misanthropique des vêtements presque sordides, il y avait dans toute sa personne quelque chose de calme, de fier, qui commandait le respect.

La porte de la maison de son fils s'ouvrit, il entra.

Un portier en grande livrée brune et argent, parfaitement poudré et chaussé de bas de soie, parut sur le seuil d'une loge élégante, qui avait autant de rapport avec l'antre enfumé des Pipelet que le tonneau d'une ravaudeuse peut en avoir avec la somptueuse boutique d'une lingère à la mode.

— M. de Saint-Remy?—demanda le comte d'un ton bref.

Le portier, au lieu de répondre, examinait avec une dédaigneuse surprise la barbe blanche, la redingote râpée et le vieux chapeau de l'inconnu, qui tenait à la main une grosse canne.

— M. de Saint-Remy? — reprit impatiemment le comte, choqué de l'impertinent examen du portier.

— M. le vicomte n'y est pas.

Ce disant, le confrère de M. Pipelet tira le

cordon, et, d'un geste significatif, invita l'inconnu à se retirer.

— J'attendrai — dit le comte.

Et il passa outre.

— Eh! l'ami! l'ami! on n'entre pas ainsi dans les maisons! — s'écria le portier en courant après le comte, et en le prenant par le bras.

— Comment, drôle!.. — répondit le vieillard d'un air menaçant, en levant sa canne — tu oses me toucher!..

— J'oserai bien autre chose, si vous ne sortez pas tout de suite. Je vous ai dit que M. le vicomte n'y était pas, ainsi allez-vous-en.

A ce moment, Boyer, attiré par ces éclats de voix, parut sur le perron de la maison.

— Quel est ce bruit? — demanda-t-il.

— Monsieur Boyer, c'est cet homme qui veut absolument entrer, quoique je lui aie dit que M. le vicomte n'y était pas.

— Finissons — reprit le comte en s'adressant à Boyer, qui s'était approché; — je veux voir mon fils... s'il est sorti, je l'attendrai...

Nous l'avons dit, Boyer n'ignorait ni l'existence ni la misanthropie du père de son maître;

assez physionomiste d'ailleurs, il ne douta pas un moment de l'identité du comte, le salua respectueusement, et répondit :

— Si monsieur le comte veut bien me suivre, je suis à ses ordres...

— Allez... — dit M. de Saint-Remy, qui accompagna Boyer, au profond ébahissement du portier.

Toujours précédé du valet de chambre, le comte arriva au premier étage, et suivit son guide, qui, lui faisant traverser le cabinet de travail de Florestan de Saint-Remy (nous désignerons désormais le vicomte par ce nom de baptême pour le distinguer de son père), l'introduisit dans un petit salon communiquant à cette pièce, et situé immédiatement au-dessus du boudoir du rez-de-chaussée.

— M. le vicomte a été obligé de sortir ce matin — dit Boyer ; — si monsieur le comte veut prendre la peine de l'attendre, il ne tardera pas à rentrer.

Et le valet de chambre disparut.

Resté seul, le comte regarda autour de lui avec assez d'indifférence ; mais tout à coup il fit un brusque mouvement, sa figure s'anima, ses joues s'empourprèrent, la colère contracta ses traits.

Il venait d'apercevoir le portrait de sa femme... de la mère de Florestan de Saint-Remy.

Il croisa ses bras sur sa poitrine, baissa la tête comme pour échapper à cette vision, et marcha à grands pas.

— « Cela est étrange! — disait-il — cette femme est morte; j'ai tué son amant, et ma blessure est aussi vive, aussi douloureuse qu'au premier jour... ma soif de vengeance n'est pas encore éteinte, ma farouche misanthropie, en m'isolant presque absolument du monde, m'a laissé face à face avec la pensée de mon outrage... oui, car la mort du complice de cette infâme a vengé mon outrage!!! mais ne l'a pas effacé de mon souvenir.

» Oh! je le sens, ce qui rend ma haine incurable, c'est de songer que pendant quinze ans j'ai été dupe; c'est que pendant quinze ans j'ai entouré d'estime, de respects, une misérable qui m'avait indignement trompé... c'est que j'ai aimé son fils... le fils de son crime... comme s'il eût été mon enfant... car l'aversion que m'inspire maintenant ce Florestan ne me prouve que trop qu'il est le fruit de l'adultère !

» Et pourtant je n'ai pas la certitude absolue de son illégitimité ; il est possible enfin qu'il soit mon fils... quelquefois ce doute m'est affreux !..

» S'il était mon fils pourtant ! alors l'abandon où je l'ai laissé, l'éloignement que je lui ai toujours témoigné, mon refus de le jamais voir, seraient impardonnables... Mais, après tout, il est riche, jeune heureux... à quoi lui aurais-je été utile ?.. oui, mais sa tendresse eût peut-être adouci les chagrins que m'a causés sa mère !.. »

Après un moment de réflexion profonde, le comte reprit en haussant les épaules :

« — Encore ces suppositions insensées... sans issue... qui ravivent toutes mes peines !... soyons homme, et surmontons la stupide et pénible émotion que je ressens en songeant que je vais revoir celui que, pendant dix années, j'ai aimé avec la plus folle idolâtrie, que j'ai aimé... comme mon fils... lui !... lui !... l'enfant de cet homme que j'ai vu tomber sous mon épée avec tant de bonheur, de cet homme dont j'ai vu couler le sang avec tant de joie!... et ils m'ont empêché d'assister à son agonie... à sa mort!... Oh! ils ne savaient pas ce que c'est que d'avoir été frappé aussi cruellement que je l'ai été!... Et puis, penser que mon nom, toujours respecté, honoré, a dû être si souvent prononcé avec insolence et dérision... comme on prononce celui d'un mari trompé!... Penser que mon nom... mon nom dont j'ai toujours été si fier, appartient à cette heure au fils de l'homme dont j'aurais voulu arracher le cœur!... Oh! je ne sais pas comment je ne deviens pas fou quand je songe à cela!... »

Et M. de Saint-Remy, continuant de marcher avec agitation, souleva machinalement la portière qui séparait le salon du cabinet de travail de Florestan, et fit quelques pas dans cette dernière pièce.

Il avait disparu depuis un instant lorsqu'une petite porte masquée dans la tenture s'ouvrit doucement, et madame de Lucenay, enveloppée d'un grand châle de cachemire vert, coiffée d'un chapeau de velours noir très-simple, entra dans le salon que le comte venait de quitter pour un moment.

Expliquons la cause de cette apparition inattendue.

Florestan de Saint-Remy avait donné la veille rendez-vous à la duchesse pour le lendemain matin. Celle-ci ayant, nous l'avons dit, une clef de la petite porte de la ruelle, était, comme d'habitude, entrée par la serre-chaude, comptant trouver Florestan dans l'appartement du rez-de-chaussée ; ne l'y trouvant pas, elle crut (ainsi que cela était arrivé quelquefois) le vicomte occupé à écrire dans son cabinet... Un escalier dérobé conduisait du boudoir au premier. Madame de Lucenay monta sans crainte, supposant que M. de Saint-Remy avait, comme toujours, défendu sa porte.

Malheureusement, une visite assez menaçante de M. Badinot ayant obligé Florestan de sortir précipitamment, il avait oublié le rendez-vous de madame de Lucenay.

Celle-ci, ne voyant personne, allait entrer dans le cabinet, lorsque les rideaux de la portière du salon s'écartèrent, et la duchesse se trouva face à face avec le père de Florestan.

Elle ne put retenir un cri d'effroi.

— Clotilde! s'écria le comte stupéfait.

Intimement lié avec le prince de Noirmont, père de madame de Lucenay, M. de Saint-Remy, ayant connu celle-ci enfant et toute jeune fille, l'avait autrefois ainsi familièrement appelée par son nom de baptême.

La duchesse restait immobile, contemplant avec surprise ce vieillard à barbe blanche et mal vêtu, dont elle se rappelait pourtant confusément les traits.

— Vous Clotilde!... — répéta le comte avec un accent de reproche douloureux — vous... ici... chez mon fils!

Ces derniers mots fixèrent les souvenirs indécis de madame de Lucenay; elle reconnut enfin le père de Florestan et s'écria :

— M. de Saint-Remy!

La position était tellement nette et significative, que la duchesse, dont on sait d'ailleurs le caractère excentrique et résolu, dédaigna de recourir à un mensonge pour expliquer le motif de sa présence chez Florestan; comptant sur l'affection toute paternelle que le comte lui avait jadis témoignée, elle lui tendit la main, et lui dit de cet air à la fois gracieux, cordial et hardi qui n'appartenait qu'à elle :

—Voyons... ne me grondez pas... vous êtes mon plus vieil ami, souvenez-vous qu'il y a vingt ans vous m'appeliez votre chère Clotilde...

—Oui... je vous appelais ainsi... mais...

—Je sais d'avance tout ce que vous allez me dire, vous connaissez ma devise : *Ce qui est, est... ce qui sera, sera...*

—Ah ! Clotilde !...

—Épargnez-moi vos reproches, laissez-moi plutôt vous parler de ma joie de vous revoir; votre présence me rappelle tant de choses : mon pauvre père... d'abord, et puis mes quinze ans... Ah ! quinze ans, que c'est beau !

—C'est parce que votre père était mon ami, que...

—Oh ! oui — reprit la duchesse en interrompant M. de Saint-Remy — il vous aimait tant ! Vous souvenez-vous, il vous appelait en riant *l'homme aux rubans verts...* vous lui disiez toujours : — Vous gâtez Clotilde... prenez garde ; — et il vous répondait en m'embrassant : — Je le crois bien que je la gâte, et il faut que je me dépêche et que je redouble, car bientôt le monde me l'enlèvera pour la gâter à son tour. — Excellent père ! quel ami j'ai perdu !... — Une larme brilla dans les beaux yeux de madame de Lucenay ; puis, tendant la main à M. de Saint-Remy, elle lui dit d'une voix émue : — Vrai, je suis heureuse, bien heureuse de vous revoir ; vous éveillez des souvenirs si précieux, si chers à mon cœur !...

Le comte, quoiqu'il connût dès long-temps ce caractère original et délibéré, restait confondu de l'aisance avec laquelle Clotilde acceptait cette position si délicate : rencontrer chez son amant le père de son amant !

— Si vous êtes à Paris depuis long-temps — reprit madame de Lucenay — il est mal à vous de n'être pas venu me voir plus tôt ; nous aurions tant causé du passé... car savez-vous que je commence à atteindre l'âge où il y a un charme extrême à dire à de vieux amis : — Vous souvenez-vous ?

Certes la duchesse n'eût pas parlé avec un plus tranquille nonchaloir, si elle eût reçu une visite du matin à l'hôtel de Lucenay.

M. de Saint-Remy ne put s'empêcher de lui dire sévèrement :

— Au lieu de parler du passé, il serait plus à propos de parler du présent... mon fils peut rentrer d'un moment à l'autre, et...

— Non — dit Clotilde en l'interrompant — j'ai la clef de la petite porte de la serre, et on annonce toujours son arrivée par un coup de timbre lorsqu'il rentre par la porte cochère ; à ce bruit je disparaîtrai aussi mystérieusement que je suis venue, et je vous laisserai tout à votre joie de revoir Florestan. Quelle douce surprise vous allez lui causer... depuis si long-temps vous l'abandonnez !... Tenez, c'est moi qui aurais des reproches à vous faire.

— A moi ?... à moi ?...

— Certainement... Quel guide, quel appui a-t-il eu en entrant dans le monde ? et pour mille choses positives les conseils d'un père sont indispensables... Aussi, aussi franchement, il est très-mal à vous de...

Ici madame de Lucenay, cédant à la bizarrerie de son caractère, ne put s'empêcher de s'interrompre en riant comme une folle, et de dire au comte :

— Avouez que la position est au moins singulière et qu'il est très-piquant que ce soit moi qui vous sermonne.

— Cela est étrange, en effet; mais je ne mérite ni vos sermons ni vos louanges, je viens chez mon fils... mais ce n'est pas pour mon fils... A son âge, il n'a pas, ou il n'a plus besoin de mes conseils..

— Que voulez-vous dire?

— Vous devez savoir pour quelles raisons j'ai le monde et surtout Paris eu horreur — dit le comte avec une expression pénible et contrainte. — Il a donc fallu des circonstances de la dernière importance pour m'obliger à quitter Angers, et surtout à venir ici... dans cette maison... Mais j'ai dû braver mes répugnances et recourir à toutes les personnes qui pouvaient m'aider ou me renseigner à propos de recherches d'un grand intérêt pour moi.

— Oh! alors — dit madame de Lucenay avec l'empressement le plus affectueux — je vous en prie, disposez de moi, si je puis vous être utile à quelque chose. Est-il besoin de sollicitations ? M. de Lucenay doit avoir un certain crédit, car les jours où je vais dîner chez ma grand'tante de Montbrison, il donne à manger chez moi à des députés; on ne fait pas ça sans motifs : cet inconvénient doit être racheté par quelque avantage probablement...; comme qui dirait une certaine influence sur des gens qui en ont beaucoup dans ce temps-ci, dit-on. Encore une fois, si nous pouvons vous servir, regardez-nous comme à vous... Il y a encore mon jeune cousin, le petit duc de Montbrison, qui, pair lui-même, est lié avec toute la jeune pairie... Pourrait-il aussi quelque chose ? En ce cas, je vous l'offre... En un mot, disposez de moi et des miens, vous savez si je puis me dire amie vaillante et dévouée!

—Je le sais... et je ne refuse pas votre appui... quoique pourtant...

—Voyons, mon cher *Alceste*, nous sommes gens du monde, agissons donc en gens du monde ; que nous soyons ici ou ailleurs, cela importe peu, je suppose, à l'affaire qui vous

LE COMTE DE SAINT-REMY.

intéresse, et qui maintenant m'intéresse extrêmement, puisqu'elle est vôtre. Causons donc de cela, et très à fond... je l'exige...

Ce disant, la duchesse s'approcha de la cheminée, s'y appuya et avança vers le foyer le plus joli petit pied du monde, qui, pour le moment, était glacé.

Avec un tact parfait, madame de Lucenay saisissait l'occasion de ne plus parler du vicomte, et d'entretenir M. de Saint-Remy d'un sujet auquel ce dernier attachait beaucoup d'importance...

La conduite de Clotilde eût été différente en présence de la mère de Florestan; c'est avec bonheur, avec fierté, qu'elle lui eût longuement avoué combien il lui était cher.

. . . .

Malgré son rigorisme et son âpreté, M. de Saint-Remy subit l'influence de la grâce cavalière et cordiale de cette femme qu'il avait vue et aimée tout enfant, et il oublia presque qu'il parlait à la maîtresse de son fils.

Comment d'ailleurs résister à la contagion de l'exemple, lorsque le héros d'une position souverainement embarrassante ne semble pas même se douter ou vouloir se douter de la difficulté de la circonstance où il se trouve.

— Vous ignorez peut-être, Clotilde — dit le comte — que depuis très-long-temps j'habite Angers ?

— Non, je le savais.

— Malgré l'espèce d'isolement que je recherchais, j'avais choisi cette ville, parce que là habitait un de mes parents, M. de Fermont, qui, lors de l'affreux malheur qui m'a frappé, s'est conduit pour moi comme un frère... Après m'avoir accompagné dans toutes les villes de l'Europe où j'espérais rencontrer... un homme que je voulais tuer, il m'avait servi de témoin lors d'un duel...

— Oui, un duel terrible, mon père m'a tout dit autrefois — reprit tristement madame de Lucenay ; — mais heureusement Florestan ignore ce duel... et aussi la cause qui l'a amené...

— J'ai voulu lui laisser respecter sa mère — répondit le comte en étouffant un soupir... il continua :

— Au bout de quelques années, M. de Fermont mourut à Angers, dans mes bras, laissant une fille et une femme que, malgré ma misanthropie, j'avais été obligé d'aimer, parce qu'il n'y avait rien au monde de plus pur, de plus noble que ces deux excellentes créatures. Je vivais seul dans un faubourg éloigné de la ville; mais quand mes accès de noire tristesse me laissaient quelque relâche, j'allais chez madame de Fermont parler avec elle et avec sa fille de celui que nous avions perdu... Comme de son vivant, je venais me retremper, me calmer dans cette douce intimité où j'avais désormais concentré toutes mes affections. Le frère de madame de Fermont habitait Paris ; il se chargea de toutes les affaires de sa sœur lors de la mort de son mari, et plaça chez un notaire cent mille écus environ, qui composaient toute la fortune de la veuve. Au bout de quelque temps, un nouveau et affreux malheur frappa madame de Fermont : son frère, M. de Renneville, se suicida, il y a de cela environ huit mois. Je la consolai du mieux que je pus. Sa première douleur calmée, elle partit pour Paris afin de mettre ordre à ses affaires. Au bout de quelque temps, j'appris que l'on vendait par son ordre le modeste mobilier de la maison qu'elle louait à Angers, et que cette somme avait été employée à payer quelques dettes laissées par elle... Inquiet de cette circonstance, je m'informai et j'appris vaguement que cette malheureuse femme et sa fille se trouvaient dans la détresse, victime sans doute d'une banqueroute... Si madame de Fermont pouvait, dans une extrémité pareille, compter sur quelqu'un, c'était sur moi... pourtant je ne reçus d'elle aucune nouvelle... Ce fut surtout en perdant cette intimité si douce que j'en reconnus toute la valeur. Vous ne pouvez vous figurer mes souffrances, mes inquiétudes depuis le départ de madame de Fermont et de sa fille... Leur père, leur mari était pour moi un frère... il me fallait donc absolument les retrouver, savoir pourquoi dans leur ruine elles ne s'adressaient pas à moi, tout pauvre que j'étais; je partis pour venir ici, laissant à Angers une personne qui, si par hasard on apprenait quelque chose de nouveau, devait m'en instruire.

— Eh bien ?

— Hier encore j'ai reçu une lettre d'Anjou... on ne sait rien... En arrivant à Paris j'ai commencé mes recherches... je suis allé d'abord à l'ancien domicile du frère de madame de Fermont... Là on m'a dit qu'elle demeurait sur le quai du canal Saint-Martin.

— Et cette adresse ?..

— Avait été la sienne, mais on ignorait son nouveau logement... Malheureusement, jusqu'à présent, mes recherches ont été inutiles... Après mille vaines tentatives, avant de désespérer tout à fait, je me suis décidé à venir ici : peut-être madame de Fermont, qui, par un motif inexplicable, ne m'a demandé ni aide ni appui, aura eu recours à mon fils comme au fils du meilleur ami de son mari... Sans doute ce dernier espoir est bien peu fondé... mais je ne veux rien avoir négligé pour retrouver cette pauvre femme et sa fille.

Depuis quelques minutes madame de Lucenay écoutait le comte avec un redoublement d'attention ; tout à coup elle dit :

— En vérité, il serait bien singulier qu'il s'agît des mêmes personnes... auxquelles s'intéresse madame d'Harville...

— Quelles personnes ? — demanda le comte.

— La veuve dont vous parlez est jeune encore, n'est-ce pas ? sa figure est très-noble ?

— Sans doute; mais comment savez-vous...

— Sa fille, belle comme un ange, a seize ans au plus ?

— Oui... oui...

— Et elle s'appelle Claire ?

— Oh ! de grâce ! dites, où sont-elles ?

— Hélas ! je l'ignore...

— Vous l'ignorez ?

— Voici ce qui est arrivé : Une femme de ma société, madame d'Harville, est venue chez moi me demander si je ne connaissais pas une femme veuve, dont la fille se nommait Claire, et dont le frère se serait suicidé ; madame d'Harville s'adressait à moi, parce qu'elle avait vu ces mots, *Ecrire à madame de Lucenay*, tracés au bas d'un brouillon de lettre que cette malheureuse femme écrivait à une personne inconnue, dont elle réclamait l'appui.

— Elle voulait vous écrire... à vous... et pourquoi ?

— Je l'ignore... je ne la connais pas...

— Mais elle vous connaissait, elle ! — s'écria M. de Saint-Remy, frappé d'une idée subite.

— Que dites-vous ?

— Cent fois elle m'avait entendu parler de votre père, de vous, de votre généreux et excellent cœur... Dans son infortune, elle aura songé à recourir à vous...

— En effet, cela peut s'expliquer ainsi...

— Et madame d'Harville... comment avait-elle eu ce brouillon de lettre en sa possession ?

— Je l'ignore ; tout ce que je sais, c'est que, sans savoir encore où étaient réfugiées cette pauvre mère et sa fille, elle était, je crois, sur leurs traces...

— Alors je compte sur vous, Clotilde, pour m'introduire auprès de madame d'Harville ; il faut que je la voie aujourd'hui.

— Impossible !.. Son mari vient d'être victime d'un effroyable accident ; une arme qu'il ne croyait pas chargée est partie entre ses mains, il a été tué sur le coup.

— Ah ! c'est horrible !..

— La marquise est aussitôt partie pour

aller passer les premiers temps de son deuil chez son père, en Normandie...

— Clotilde, je vous en conjure, écrivez-lui aujourd'hui, demandez-lui les renseignements qu'elle possède déjà; puisqu'elle s'intéresse à ces pauvres femmes, dites-lui qu'elle n'aura pas de plus chaleureux auxiliaire que moi; mon seul désir est de retrouver la veuve de mon ami et de partager avec elle et avec sa fille le peu que je possède. Maintenant c'est ma seule famille.

— Toujours le même, toujours généreux et dévoué! Comptez sur moi, j'écrirai aujourd'hui même à madame d'Harville. Où adresserai-je ma réponse?

— A Asnières, poste restante.

— Quelle bizarrerie! pourquoi vous loger là, et pas à Paris?

— J'exècre Paris, à cause des souvenirs qu'il me rappelle — dit M. de Saint-Remy d'un air sombre; — mon ancien médecin, le docteur Griffon, avec qui je suis resté en correspondance, possède une petite maison de campagne sur le bord de la Seine, près d'Asnières; il ne l'habite pas l'hiver, il me l'a proposée; c'était presque un faubourg de Paris : je pouvais, après m'être livré à mes recherches, trouver là l'isolement qui me plaît... J'ai accepté.

— Je vous écrirai donc à Asnières ; je puis d'ailleurs vous donner déjà un renseignement qui pourra vous servir peut-être... et que je dois à madame d'Harville... La ruine de madame de Fermont a été causée par la friponnerie du notaire chez qui était placée toute la fortune de votre parente... Ce notaire a nié le dépôt.

— Le misérable !.. Et il se nomme ?

— M. Jacques Ferrand — dit la duchesse, sans pouvoir dissimuler son envie de rire.

— Que vous êtes étrange, Clotilde ! Il n'y a rien que de sérieux, que de triste dans tout ceci, et vous riez ! — dit le comte surpris et mécontent.

En effet, madame de Lucenay, au souvenir de l'amoureuse déclaration du notaire, n'avait pu réprimer un mouvement d'hilarité.

— Pardon, mon ami — reprit-elle ; — c'est que ce notaire est un homme fort singulier... et l'on raconte de lui des choses fort ridicules... Mais sérieusement, si sa réputation d'honnête homme n'est pas plus méritée que sa réputation de saint homme... (et je déclare celle-ci usurpée), c'est un grand misérable!

— Et il demeure?

— Rue du Sentier.

— Il aura ma visite... Ce que vous me dites de lui coïnciderait alors assez avec certains soupçons...

— Quels soupçons?

— D'après quelques renseignements pris sur la mort du frère de ma pauvre amie, je serais presque tenté de croire que ce malheureux, au lieu de se suicider... a été victime d'un assassinat.

— Grand Dieu! Et qui vous ferait supposer?..

— Plusieurs raisons qui seraient trop longues à vous dire; je vous laisse... N'oubliez pas les offres de service que vous m'avez faites en votre nom et en celui de M. de Lucenay...

— Comment! vous partez... sans voir Florestan?

— Cette entrevue me serait trop pénible, vous devez le comprendre... Je la bravais dans le seul espoir de trouver ici quelques renseignements sur madame de Fermont, voulant n'avoir au moins rien négligé pour la retrouver ; maintenant adieu...

— Ah ! vous êtes impitoyable !

— Ne savez-vous pas ?..

— Je sais que votre fils n'a jamais eu plus besoin de vos conseils...

— Comment ? N'est-il pas riche, heureux ?..

— Oui, mais il ne connait pas les hommes. Aveuglément prodigue, parce qu'il est confiant et généreux, en tout, partout et toujours très-grand seigneur, je crains qu'on n'abuse de sa bonté. Si vous saviez ce qu'il y a de noblesse dans ce cœur !.. Je n'ai jamais osé le sermonner au sujet de ses dépenses et de son désordre, d'abord parce que je suis au moins aussi folle que lui, et puis... pour d'autres raisons ; mais vous, au contraire, vous pourriez...

Madame de Lucenay n'acheva pas,

Tout à coup on entendit la voix de Florestan de Saint-Remy.

Il entra précipitamment dans le cabinet voisin du salon ; après en avoir brusquement fermé la porte, il dit d'une voix altérée à quelqu'un qui l'accompagnait :

— Mais c'est impossible !..

— Je vous répète — répondit la voix claire et perçante de M. Badinot — je vous répète que, sans cela, avant quatre heures vous serez arrêté... Car s'il n'a pas l'argent tantôt, notre homme va déposer sa plainte au parquet du procureur du roi, et vous savez ce que vaut un FAUX comme celui-là : les galères, mon pauvre vicomte !..

CHAPITRE IX.

L'ENTRETIEN.

Il est impossible de peindre le regard qu'échangèrent madame de Lucenay et le père de Florestan en entendant ces terribles paroles : *Il y va pour vous... des galères!* — Le comte devint livide ; il s'appuya au dossier d'un fauteuil, ses genoux se dérobaient sous lui.

Son nom vénérable et respecté... son nom déshonoré par un homme qu'il accusait d'être le fruit de l'adultère !

Ce premier abattement passé, les traits courroucés du vieillard, un geste menaçant qu'il fit en s'avançant vers le cabinet, révélèrent une résolution si effrayante, que madame de Lucenay lui saisit la main, l'arrêta, et lui dit à voix basse, avec l'accent de la plus profonde conviction :

— Il est innocent... je vous le jure !.. Écoutez en silence...

Le comte s'arrêta. Il voulait croire à ce que lui disait la duchesse.

Celle-ci était en effet persuadée de la loyauté de Florestan.

Pour obtenir de nouveaux sacrifices de cette femme si aveuglément généreuse, sacrifices qui avaient pu seuls le mettre à l'abri d'une prise de corps et des poursuites de Jacques Ferrand, le vicomte avait affirmé à madame de Lucenay que, dupe d'un misérable dont il avait reçu en paiement une traite fausse, il risquait d'être regardé comme complice du faussaire, ayant lui-même mis cette traite en circulation.

Madame de Lucenay savait le vicomte imprudent, prodigue, désordonné ; mais jamais elle ne l'aurait un moment supposé capable, non pas d'une bassesse ou d'une infamie, mais seulement de la plus légère indélicatesse.

En lui prêtant par deux fois des sommes considérables dans des circonstances très-difficiles, elle avait voulu lui rendre un service d'*ami*, le vicomte n'acceptant jamais ces avances qu'à la condition expresse de les rembourser; car on lui devait, disait-il, plus du double de ces sommes.

Son luxe apparent permettait de le croire. D'ailleurs madame de Lucenay, cédant à l'impulsion de sa bonté naturelle, n'avait songé qu'à être utile à Florestan, et nullement à s'assurer s'il pouvait s'acquitter envers elle. Il l'affirmait; elle n'en doutait pas; eût-il accepté sans cela des prêts aussi importants? En répondant de l'honneur de Florestan, en suppliant le vieux comte d'écouter la conversation de son fils, la duchesse pensait qu'il allait être question de l'abus de confiance dont le vicomte se prétendait victime, et qu'il serait ainsi complétement innocenté aux yeux de son père.

—Encore une fois—reprit Florestan d'une voix altérée — ce Petit-Jean est un infâme; il m'avait assuré n'avoir pas d'autres traites que celles que j'ai retirées de ses mains hier et il y a trois jours... Je croyais celle-ci en circulation, elle n'était payable que dans trois mois., à Londres, chez Adams et Compagnie.

— Oui, oui — dit la voix mordante de Badinot — je sais, mon cher vicomte, que vous aviez adroitement combiné votre affaire; vos faux ne devaient être découverts que lorsque vous seriez déjà loin... Mais vous avez voulu attraper plus fin que vous.

— Eh! il est bien temps maintenant de me dire cela, malheureux que vous êtes... — s'écria Florestan furieux — n'est-ce pas vous qui m'avez mis en rapport avec celui qui m'a négocié ces traites?

— Voyons, mon cher aristocrate — répondit froidement Badinot — du calme!... Vous contrefaites habilement les signatures de commerce; c'est à merveille, mais ce n'est pas une raison pour traiter vos amis avec une familiarité désagréable. Si vous vous emportez encore... je vous laisse, arrangez-vous comme vous voudrez...

— Eh! croyez-vous qu'on puisse conserver son sang-froid dans une position pareille?... Si ce que vous me dites est vrai, si cette plainte doit être déposée aujourd'hui au parquet du procureur du roi, je suis perdu...

—C'est justement ce que je vous dis, à moins que... vous n'ayez encore recours à votre charmante Providence aux yeux bleus...

— C'est impossible.

— Alors, résignez-vous. C'est dommage, c'était la dernière traite... et pour vingt-cinq mauvais mille francs... aller prendre l'air du midi à Toulon... c'est maladroit, c'est absurde, c'est bête! Comment un habile homme comme vous peut-il se laisser acculer ainsi?

— Mon Dieu, que faire? que faire?... rien de ce qui est ici ne m'appartient plus, je n'ai pas vingt louis à moi...

— Vos amis?

— Eh! je dois à tous ceux qui pourraient me prêter; me croyez-vous assez sot pour avoir attendu jusqu'à aujourd'hui pour m'adresser à eux?

— C'est vrai; pardon... tenez, causons tranquillement, c'est le meilleur moyen d'arriver à une solution raisonnable. Tout à l'heure je voulais vous expliquer comment vous vous étiez attaqué à plus fin que vous... Vous ne m'avez pas écouté.

—Allons, parlez si cela peut être bon à quelque chose.

—Récapitulons : vous m'avez dit il y a deux mois : « J'ai pour cent treize mille francs de traites sur différentes maisons de banque à longues échéances ; mon cher Badinot, trouvez moyen de me les négocier.. »

— Eh bien !.. ensuite ?..

— Attendez... je vous ai demandé à voir ces valeurs... Un certain je ne sais quoi m'a dit que ces traites étaient fausses, quoique parfaitement imitées. Je ne vous soupçonnais pas, il est vrai, un talent calligraphique aussi avancé ; mais m'occupant du soin de votre fortune depuis que vous n'aviez plus de fortune, je vous savais complétement ruiné. J'avais fait passer l'acte par lequel vos chevaux, vos voitures, le mobilier de cet hôtel appartenaient à Boyer et à Edwards... Il n'était donc pas indiscret à moi de m'étonner de vous voir possesseur de valeurs de commerce si considérables, hein ?

— Faites-moi grâce de vos étonnements, arrivons au fait.

— M'y voici... J'ai assez d'expérience ou de timidité... pour ne pas me soucier de me mêler directement d'affaires de cette sorte; je vous adressai donc à un tiers qui, non moins clairvoyant que moi, soupçonna le mauvais tour que vous vouliez lui jouer.

— C'est impossible, il n'aurait pas escompté ces valeurs s'il les avait crues fausses.

— Combien vous a-t-il donné d'argent comptant pour ces 113,000 francs?

— Vingt-cinq mille francs comptant, et le reste en créances à recouvrer...

— Et qu'avez-vous retiré de ces créances?..

— Rien, vous le savez bien; elles étaient illusoires... mais il aventurait toujours 25,000 francs.

— Que vous êtes jeune, mon cher vicomte! Ayant à recevoir de vous ma commission de cent louis si l'affaire se faisait, je m'étais bien gardé de dire au tiers l'état réel de vos affaires... Il vous croyait encore à votre aise, et il vous savait surtout très-adoré d'une grande dame puissamment riche qui ne vous laisserait jamais dans l'embarras; il était donc à peu près sûr de rentrer au moins dans ses fonds, par transaction ; il risquait sans doute de perdre, mais il risquait aussi de gagner beaucoup, et son calcul était bon ; car, l'autre jour, vous lui avez déjà compté bel et bien 100,000 fr. pour retirer la fausse traite de 58,000 fr., et hier 30,000 pour la seconde... Pour celle-ci, il s'est contenté, il est vrai, du remboursement intégral. Comment vous êtes-vous procuré ces 30,000 francs d'hier? que le diable m'emporte si je le sais! car vous êtes un homme unique... Vous voyez donc qu'en fin de compte, si Petit-Jean vous force à payer la dernière traite de 25,000 francs, il aura reçu de vous 155,000 pour 25,000 qu'il vous aura comptés ; or j'avais raison de dire que vous vous étiez joué à plus fin que vous.

— Mais pourquoi m'a-t-il dit que cette dernière traite, qu'il présente aujourd'hui, était négociée?

— Pour ne pas vous effrayer ; il vous avait dit aussi qu'excepté celle de 58,000 francs, les autres étaient en circulation ; une fois la première payée, hier est venue la seconde, et aujourd'hui la troisième.

— Le misérable !..

— Écoutez donc, *Chacun pour soi, chacun chez soi*, comme dit un célèbre jurisconsulte dont j'admire beaucoup la maxime. Mais causons de sang-froid : ceci vous prouve que le Petit-Jean (et entre nous je ne serais pas étonné que, malgré sa sainte renommée, le Jacques Ferrand ne fût de moitié dans ses spéculations), ceci vous prouve, dis-je, que le Petit-Jean, alléché par vos premiers payements, spécule sur cette dernière traite, comme il a spéculé sur les autres, bien certain que *vos amis* ne vous laisseront pas traduire en cour d'assises. C'est à vous de voir si ces amitiés ne sont pas exploitées, pressurées jusqu'à l'écorce, et s'il ne reste pas encore quelques gouttes d'or à en exprimer ; car si dans trois heures vous n'avez pas les 25,000 francs, mon noble vicomte, vous êtes coffré.

— Quand vous me répéterez cela sans cesse...

— A force de m'entendre vous consentirez peut-être à essayer de tirer une dernière plume de l'aile de cette généreuse duchesse...

— Je vous répète qu'il n'y faut pas songer... En trois heures trouver encore 25,000 francs, après les sacrifices qu'elle a déjà faits, ce serait folie que de l'espérer.

— Pour vous plaire, heureux mortel, on tente l'impossible....

— Eh! elle l'a déjà tenté, l'impossible... c'était d'emprunter 100,000 francs à son mari et de réussir ; mais ce sont de ces phénomènes qui ne se reproduisent pas deux fois. Voyons, mon cher Badinot, jusqu'ici vous n'avez pas eu à vous plaindre de moi... j'ai toujours été généreux... tâchez d'obtenir quelque sursis de ce misérable Petit-Jean... Vous le savez, je trouve toujours moyen de récompenser qui me sert; une fois cette dernière affaire assoupie, je prends un nouvel essor... vous serez content de moi.

— Petit-Jean est aussi inflexible que vous êtes peu raisonnable.

— Moi !...

— Tâchez seulement d'intéresser encore votre généreuse amie à votre *funeste sort*... Que diable! dites-lui nettement ce qu'il en est : non plus, comme déjà, que vous avez été dupe de faussaires, mais que vous êtes faussaire vous-même.

— Jamais je ne lui ferai un tel aveu, ce serait une honte sans avantage.

— Aimez-vous mieux qu'elle apprenne demain la chose par la *Gazette des Tribunaux*?

— J'ai trois heures devant moi, je puis fuir.

— Et où irez-vous sans argent? Jugez donc, au contraire : ce dernier faux retiré, vous vous trouverez dans une position superbe, vous n'aurez plus que des dettes... Voyons, promettez-moi de parler encore à la duchesse. Vous êtes si roué! vous saurez vous rendre intéressant malgré vos erreurs ; au pis-aller on vous estimera peut-être un peu moins ou plus du tout, mais on vous tirera d'affaire. Voyons, promettez-moi de voir votre belle amie ; je cours chez Petit-Jean, je me fais fort d'obtenir une heure ou deux de sursis...

— Enfer ! il faut boire la honte jusqu'à la lie !..

— Allons ! bonne chance, soyez tendre, passionné, charmant ; je cours chez Petit-Jean, vous m'y trouverez jusqu'à trois heures... plus tard il ne serait plus temps... le parquet du procureur du roi n'est ouvert que jusqu'à quatre heures...

Et M. Badinot sortit.

Lorsque la porte fut fermée, on entendit Florestan s'écrier avec un profond désespoir :

— Mon Dieu !.. mon Dieu !.. mon Dieu !

Pendant cet entretien, qui dévoilait au comte l'infamie de son fils, et à madame de Lucenay l'infamie de l'homme qu'elle avait aveuglément aimé, tous deux étaient restés immobiles, respirant à peine, sous cette épouvantable révélation.

Il serait impossible de rendre l'éloquence muette de la scène douloureuse qui se passa entre cette jeune femme et le comte lorsqu'il n'y eut plus de doute possible sur le crime de Florestan. Étendant le bras vers la pièce où se trouvait son fils, le vieillard sourit avec une ironie amère, jetant un regard écrasant sur madame de Lucenay, et sembla lui dire :

— Voilà celui pour lequel vous avez bravé toutes les hontes, consommé tous les sacrifices ! voilà celui que vous me reprochiez d'avoir abandonné !..

La duchesse comprit le reproche : un moment elle baissa la tête sous le poids de sa honte.

La leçon était terrible...

Puis, peu à peu, à l'anxiété cruelle qui avait contracté les traits de madame de Lucenay, succéda une sorte d'indignation hautaine. Les fautes inexcusables de cette femme étaient au moins palliées par la loyauté de son amour, par la hardiesse de son dévouement, par la grandeur de sa générosité, par la franchise de son caractère et par son inexorable aversion pour tout ce qui était bas ou lâche.

Encore trop jeune, trop belle, trop recherchée, pour éprouver l'humiliation d'avoir été exploitée; une fois le prestige de l'amour subitement évanoui chez elle, cette femme altière et décidée ne ressentit ni haine ni colère; instantanément, sans transition aucune, un dégoût mortel, un dédain glacial, tua son affection jusqu'alors si vivace; ce ne fut plus une maîtresse indignement trompée par son amant, ce fut une femme de bonne compagnie découvrant qu'un homme de sa société était un escroc et un faussaire, et le chassant de chez elle.

En supposant même que quelques circonstances eussent pu atténuer l'ignominie de Florestan, madame de Lucenay ne les aurait pas admises ; selon elle, l'homme qui franchissait certaines limites d'honneur, soit par vice, entraînement ou faiblesse, *n'existait plus à ses yeux;* l'honorabilité étant pour elle une question d'*être* ou de *non-être*.

Le seul ressentiment douloureux qu'éprouva la duchesse fut excité par l'effet terrible que cette révélation inattendue produisait sur le comte, son vieil ami.

Depuis quelques moments il semblait ne pas voir, ne pas entendre ; ses yeux étaient fixes, sa tête baissée, ses bras pendants, sa pâleur livide ; de temps à autre un soupir convulsif soulevait sa poitrine.

Chez un homme aussi résolu qu'énergique un tel abattement était plus effrayant que les transports de la colère.

Madame de Lucenay le regardait avec inquiétude.

— Courage, mon ami, lui dit-elle à voix basse. — Pour vous... pour moi... pour cet homme... je sais ce qu'il me reste à faire...

Le vieillard la regarda fixement; puis, comme s'il eût été arraché à sa stupeur par une commotion violente, il redressa la tête, ses traits devinrent menaçants, et, oubliant que son fils pouvait l'entendre, il s'écria :

— Et moi aussi, pour vous, pour moi, pour cet homme, je sais ce qu'il me reste à faire...

— Qui est donc là? — demanda Florestan surpris.

Madame de Lucenay, craignant de se trouver avec le vicomte, disparut par la petite porte et descendit par l'escalier dérobé.

Florestan ayant encore demandé qui était là, et ne recevant pas de réponse, entra dans le salon. — Il s'y trouva seul avec le comte.

La longue barbe du vieillard le changeait tellement, il était si pauvrement vêtu, que son fils, qui ne l'avait pas vu depuis plusieurs années, ne le reconnaissant pas d'abord, s'avança vers lui d'un air menaçant.

— Que faites-vous là?.. Qui êtes-vous?

— Je suis le mari de cette femme! — répondit le comte en montrant le portrait de madame de Saint-Remy.

— Mon père!!! — s'écria Florestan en reculant avec frayeur, et il se rappela les traits du comte, depuis long-temps oubliés.

Debout, formidable, le regard irrité, le front empourpré par la colère, ses cheveux blancs rejetés en arrière, ses bras croisés sur sa poitrine, le comte dominait, écrasait son fils, qui, la tête baissée, n'osait lever les yeux sur lui.

Pourtant M. de Saint-Remy, par un secret motif, fit un violent effort pour rester calme et pour dissimuler ses terribles ressentiments.

— Mon père! — reprit Florestan d'une voix altérée — vous étiez là?..

— J'étais là...

— Vous avez entendu?

— Tout...

— Ah!!! — s'écria douloureusement le vicomte en cachant son visage dans ses mains.

Il y eut un moment de silence.

Florestan, d'abord aussi étonné que chagrin de l'apparition inattendue de son père, songea bientôt, en homme de ressources, au parti qu'il pourrait tirer de cet incident.

— Tout n'est pas perdu — se dit-il. — La présence de mon père est un coup du sort. Il sait tout, il ne voudra pas laisser flétrir son nom ; il n'est pas riche, mais il doit toujours posséder plus de 25,000 francs. Jouons serré... De l'adresse, de l'entrain, de l'émotion... je laisse reposer la duchesse, et je suis sauvé !

Puis, donnant à ses traits charmants une expression de douloureux abattement, mouillant son regard des larmes du repentir, prenant sa voix la plus vibrante, son accent le plus pathétique, il s'écria en joignant les mains avec un geste désespéré :

— Ah ! mon père... je suis bien malheureux !... après tant d'années... vous revoir... et dans un tel moment !.. Je dois vous paraître si coupable ! Mais daignez m'écouter, je vous en supplie; permettez-moi, non de me justifier, mais de vous expliquer ma conduite... Le voulez-vous, mon père ?..

M. de Saint-Remy ne répondit pas un mot; ses traits restèrent impassibles ; il s'assit dans un fauteuil, où il s'accouda, et là, le menton appuyé sur la paume de sa main, il contempla le vicomte en silence.

Si Florestan eût connu les motifs qui remplissaient l'âme de son père de haine, de fureur et de vengeance, épouvanté du calme apparent du comte, il n'eût pas sans doute essayé de le duper, ni plus ni moins qu'un bonhomme Géronte.

Mais ignorant les funestes soupçons qui pesaient sur la légitimité de sa naissance, mais ignorant la faute de sa mère, Florestan ne douta pas du succès de sa piperie, croyant n'avoir qu'à attendrir un père qui, à la fois très-misanthrope et très-fier de son nom, serait capable, plutôt que de le laisser déshonorer, de se décider aux derniers sacrifices.

— Mon père — reprit timidement Florestan — me permettez-vous de tâcher, non de me disculper, mais de vous dire par suite de quels entraînements involontaires... je suis arrivé presque malgré moi jusqu'à des actions... infâmes... je l'avoue...

Le vicomte prit le silence de son père pour un consentement tacite et continua :

— Lorsque j'eus le malheur de perdre ma mère... ma pauvre mère qui m'avait tant aimé... je n'avais pas vingt ans... Je me trouvai seul... sans conseil... sans appui... Maître d'une fortune considérable... habitué au luxe dès mon enfance... je m'en étais fait une habitude... un besoin... Ignorant combien il était difficile de gagner de l'argent, je le prodiguais sans mesure... Malheureusement... et je dis malheureusement parce que cela m'a perdu, mes dépenses, toutes folles qu'elles étaient, furent remarquables par leur élégance... A force de goût, j'éclipsai des gens dix fois plus riches que moi... Ce premier succès m'enivra, je devins homme de luxe comme on devient homme de guerre, homme d'État; oui, j'aimai le luxe, non par ostentation vulgaire, mais je l'aimai comme le peintre aime la peinture, comme le poète aime la poésie; comme tout artiste, j'étais jaloux de mon œuvre... et mon œuvre, à moi, c'était mon luxe. Je sacrifiai tout à sa perfection... Je le voulus beau, grand, complet, splendidement harmonieux en toutes choses... depuis mon écurie jusqu'à ma table, depuis mon habit jusqu'à ma maison... Je voulus que ma vie fût comme un enseignement de goût et d'élégance. Comme un artiste enfin, j'étais à la fois avide des applaudissements de la foule et de l'admiration des gens d'élite; ce succès si rare, je l'obtins...

En parlant ainsi, les traits de Florestan perdaient peu à peu leur expression hypocrite, ses yeux brillaient d'une sorte d'enthousiasme. Il disait vrai ; il avait été d'abord séduit par cette manière assez peu commune de comprendre le luxe.

Le vicomte interrogea du regard la physionomie de son père : elle lui parut s'adoucir un peu.

Il reprit avec une exaltation croissante :

— Oracle et régulateur de la mode, mon blâme ou ma louange faisait loi; j'étais cité, copié, vanté, admiré, et cela par la meilleure compagnie de Paris, c'est-à-dire de l'Europe, du monde... Les femmes partagèrent l'engouement général, les plus charmantes se disputaient le plaisir de venir à quelques fêtes très restreintes que je donnais, et partout et toujours on s'extasiait sur l'élégance incomparable, sur le goût exquis de ces fêtes... que les millionnaires ne pouvaient ni égaler ni éclipser; enfin je fus ce que l'on appelle *le Roi de la mode...* Ce mot vous dira tout, mon père, si vous le comprenez.

— Je le comprends... et je suis sûr qu'au

bagne vous inventeriez quelque élégance raffinée dans la manière de porter votre chaîne... cela deviendrait à *la mode* dans la chiourme et s'appellerait... à *la Saint-Remy*—dit le vieillard avec une sanglante ironie... puis il ajouta :

— Et Saint-Remy... c'est MON NOM!...

Et il se tut, restant toujours accoudé, toujours le menton dans la paume de sa main.

Il fallut à Florestan beaucoup d'empire sur lui-même pour cacher la blessure que lui fit ce sarcasme acéré.

Il reprit d'un ton plus humble :

— Hélas! mon père, ce n'est pas par orgueil que j'évoque le souvenir de ces succès... car, je vous le répète, ce succès m'a perdu... Recherché, envié, flatté, adulé, non par des parasites intéressés, mais par des gens dont la position dépassait de beaucoup la mienne, et sur lesquels j'avais seulement l'avantage que donne l'élégance... qui est au luxe ce que le goût est aux arts... la tête me tourna. Je ne calculai plus : ma fortune devait être dissipée en quelques années, peu m'importait. Pouvais-je renoncer à cette vie fiévreuse, éblouissante, dans laquelle les plaisirs succédaient aux plaisirs, les jouissances aux jouissances, les fêtes aux fêtes, les ivresses de toutes sortes aux enchantements de toutes sortes?.. Oh! si vous saviez, mon père, ce que c'est que d'être partout signalé comme le héros du jour... d'entendre le murmure qui accueille votre entrée dans un salon... d'entendre les femmes se dire : C'est lui!.. le voilà!.. Oh! si vous saviez...

— Je sais... — dit le vieillard en interrompant son fils et sans changer d'attitude — je sais... Oui, l'autre jour, sur une place publique, il y avait foule; tout à coup on entendit un murmure... pareil à celui qui vous accueille quand vous entrez quelque part, puis les regards des femmes surtout se fixèrent sur un très-beau garçon... toujours comme ils se fixent sur vous... et elles se le montraient les unes aux autres en se disant : C'est lui... le voilà... toujours comme s'il s'était agi de vous...

— Mais cet homme, mon père?..

— Était un faussaire que l'on mettait au carcan.

— Ah! — s'écria Florestan avec une rage concentrée; puis, feignant une affliction profonde, il ajouta : — Mon père, vous êtes sans pitié... que voulez-vous que je vous dise pourtant? je ne cherche pas à nier mes torts... je veux seulement vous expliquer l'entraînement fatal qui les a causés. Eh bien! oui, dussiez-vous encore m'accabler de sanglants sarcasmes, je tâcherai d'aller jusqu'au bout de cette confession, je tâcherai de vous faire comprendre cette exaltation fiévreuse qui m'a perdu, parce qu'alors peut-être vous me plaindrez... Oui, car on plaint un fou... et j'étais fou... Fermant les yeux, je m'abandonnais à l'étincelant tourbillon dans lequel j'entraînais avec moi les femmes les plus charmantes, les hommes les plus aimables. M'arrêter, le pouvais-je? Autant dire au poète qui s'épuise, et dont le génie dévore la santé : Arrêtez-vous au milieu de l'inspiration qui vous emporte!.. Non, je ne pouvais pas, moi!.. moi!.. abdiquer cette royauté que j'exerçais, et rentrer honteux, ruiné, moqué, dans la plèbe inconnue; donner ce triomphe à mes envieux que j'avais jusqu'alors défiés, dominés, écrasés!.. Non, non, je ne le pouvais pas!.. volontairement du moins. Vint le jour fatal où pour la première fois l'argent m'a manqué. Je fus surpris comme si ce moment n'avait jamais dû arriver. Cependant j'avais encore à moi mes chevaux, mes voitures, le mobilier de cette maison... Mes dettes payées, il me serait resté 60,000 francs... peut-être... Qu'aurais-je fait de cette misère? Alors, mon père, je fis le premier pas dans une voie infâme... J'étais encore honnête... je n'avais dépensé que ce qui m'appartenait; mais alors je commençai à faire des dettes que je ne pouvais pas payer... Je vendis tout ce que je possédais à deux de mes gens, afin de m'acquitter envers eux, et de pouvoir, pendant six mois encore, malgré mes créanciers, jouir du luxe qui m'enivrait... Pour subvenir à mes besoins de jeu et de folles dépenses, j'empruntai d'abord à des juifs; puis, pour payer les juifs, à mes amis, et, pour payer mes amis, à mes maîtresses. Ces ressources épuisées, il y eut un nouveau temps d'arrêt dans ma vie... D'honnête homme j'étais devenu chevalier d'industrie... mais je n'étais pas encore criminel... Cependant j'hésitai... je voulus prendre une résolution violente... J'avais prouvé dans plusieurs duels que je ne craignais pas la mort... je voulus me tuer!..

—Ah bah!... vraiment?—dit le comte avec une ironie farouche.

—Vous ne me croyez pas, mon père?

—C'était bien tôt ou bien tard!—ajouta le vieillard toujours impassible et dans la même attitude.

Florestan, pensant avoir ému son père en lui parlant de son projet de suicide, crut nécessaire de remonter la scène par un coup de théâtre.

Il ouvrit un meuble, y prit un petit flacon de cristal verdâtre, et dit au comte en le posant sur la table :

—Un charlatan italien m'a vendu ce poison...

—Et... il était pour vous... ce poison?—dit le vieillard toujours accoudé.

Florestan comprit la portée des paroles de son père.

Ses traits exprimèrent cette fois une indignation réelle, car il disait vrai...

Un jour il avait eu la fantaisie de se tuer : fantaisie éphémère! les gens de sa sorte sont trop lâches pour se résoudre froidement et sans témoins à la mort qu'ils affrontent par point d'honneur dans un duel.

Il s'écria donc avec l'accent de la vérité :

— Je suis tombé bien bas... mais du moins pas jusque-là, mon père ! C'était pour moi que je réservais ce poison !

— Et vous avez eu peur? — fit le comte sans changer de position.

— Je l'avoue, j'ai reculé devant cette extrémité terrible ; rien n'était encore désespéré ; les personnes auxquelles je devais étaient riches et pouvaient attendre... A mon âge, avec mes relations, j'espérai un moment, sinon refaire ma fortune, du moins m'assurer une position honorable, indépendante, qui m'en eût tenu lieu... Plusieurs de mes amis, peut-être moins bien doués que moi, avaient fait un chemin rapide dans la diplomatie. J'eus une velléité d'ambition... Je n'eus qu'à vouloir, et je fus attaché à la légation de Gérolstein... Malheureusement, quelques jours après cette nomination, une dette de jeu contractée envers un homme que je haïssais me mit dans un cruel embarras... J'avais épuisé mes dernières ressources... Une idée fatale me vint. Me croyant certain de l'impunité, je commis une action infâme... Vous le voyez, mon père... je ne vous ai rien caché... j'avoue l'ignominie de ma conduite, je ne cherche à l'atténuer en rien... Deux partis me restent à prendre, et je suis également décidé à tous deux... le premier est de me tuer... et de laisser votre nom déshonoré, car si je ne paie pas aujourd'hui même 25,000 francs, la plainte est déposée, l'éclat a lieu, et, mort ou vivant, je suis flétri. Le second moyen est de me jeter dans vos bras, mon père... de vous dire : Sauvez votre fils, sauvez votre nom de l'infamie... et je vous jure de partir demain pour l'Afrique, de m'y engager soldat et d'y trouver la mort ou de vous revenir un jour vaillamment réhabilité... Ce que je vous dis là, mon père, voyez-vous, est vrai... En présence de l'extrémité qui m'accable, je n'ai pas d'autre parti... Décidez... ou je mourrai couvert de honte, ou, grâce à vous... je vivrai pour réparer ma faute... Ce ne sont pas là des menaces et des paroles de jeune homme, mon père... J'ai vingt-cinq ans, je porte votre nom, j'ai assez de courage ou pour me tuer... ou pour me faire soldat, car je ne veux pas aller au bagne...

Le comte se leva.

— Je ne veux pas que mon nom soit déshonoré — dit-il froidement à Florestan.

— Ah! mon père!... mon sauveur — s'écria chaleureusement le vicomte; et il allait se précipiter dans les bras de son père, lorsque celui-ci, d'un geste glacial, calma cet entraînement.

— On vous attend jusqu'à trois heures... chez cet homme qui a le faux?

— Oui, mon père... et il est deux heures...

— Passons dans votre cabinet... donnez-moi de quoi écrire.

— Voici, mon père.

Le comte s'assit devant le bureau de Florestan et écrivit d'une main ferme :

« Je m'engage à payer, ce soir, à dix heures, les vingt-cinq mille francs que doit mon fils.

» Comte de SAINT-REMY. »

— Votre créancier ne veut que de l'argent;

L'ENTRETIEN.

malgré ses menaces, cet engagement de moi le fera consentir à un nouveau délai ; il ira chez M. Dupont, banquier, rue de Richelieu, n° 7, qui lui répondra de la valeur de cet acte.

— Oh ! mon père !... comment jamais...

— Vous m'attendrez ce soir... à dix heures je vous apporterai l'argent... Que votre créancier se trouve ici...

— Oui, mon père, et après-demain je pars pour l'Afrique... Vous verrez si je suis ingrat !... Alors, peut-être, lorsque je serai réhabilité, vous accepterez mes remercîments.

— Vous ne me devez rien ; j'ai dit que mon nom ne serait pas déshonoré davantage, il ne le sera pas — dit simplement M. de Saint-Remy, en prenant sa canne qu'il avait déposée sur le bureau, et il se dirigea vers la porte.

— Mon père, votre main au moins ?... — reprit Florestan d'un ton suppliant.

— Ici, ce soir, à dix heures — dit le comte en refusant sa main.

Et il sortit.

— Sauvé !... — s'écria Florestan radieux. — Sauvé ! — Puis il reprit, après un moment de réflexion : — Sauvé, à peu près..... N'importe, c'est toujours cela... Peut-être ce soir lui avouerai-je l'*autre chose*. Il est en train... il ne voudra pas s'arrêter en si beau chemin, et que son premier sacrifice reste inutile faute d'un second... Et encore pourquoi lui dire?... Qui saura jamais?... Au fait, si rien ne se découvre, je garderai l'argent qu'il me donnera pour éteindre cette dernière *dette*... J'ai eu de la peine à l'émouvoir, ce diable d'homme!!! L'amertume de ses sarcasmes m'avait fait douter de sa bonne résolution; mais ma menace de suicide, la crainte de voir son nom flétri l'ont décidé; c'était bien là qu'il fallait frapper... Il est sans doute beaucoup moins pauvre qu'il n'affecte de l'être... S'il possède une centaine de mille francs, il a dû faire des économies en vivant comme il vit... Encore une fois sa venue est un coup du sort... Il a l'air sauvage, mais au fond je le crois bon homme... courons chez cet huissier!

Il sonna, M. Boyer parut.

—Comment ne m'avez-vous pas averti que

mon père était ici ? vous êtes d'une négligence...

— Par deux fois j'ai voulu adresser la parole à monsieur le vicomte qui rentrait avec M. Badinot par le jardin ; mais monsieur le vicomte, probablement préoccupé de son entretien avec M. Badinot, m'a fait signe de la main de ne pas l'interrompre... Je ne me suis pas permis d'insister... Je serais désolé que monsieur le vicomte pût me croire coupable de négligence...

— C'est bien... dites à Edwards de me faire tout de suite atteler *Orion*... non... *Plower* au cabriolet...

M. Boyer s'inclina respectueusement.

Au moment où il allait sortir, on frappa.

M. Boyer regarda le vicomte d'un air interrogatif.

— Entrez ! — dit Florestan.

Un second valet de chambre parut, tenant à la main un petit plateau de vermeil.

M. Boyer s'empara du plateau avec une sorte de jalouse prévenance, de respectueux empressement, et vint le présenter au vicomte.

Celui-ci y prit une assez volumineuse enveloppe, scellée d'un cachet de cire noire.

Les deux serviteurs se retirèrent discrètement.

Florestan ouvrit l'enveloppe. Elle contenait 25,000 francs en bons du Trésor... sans autre avis.

Décidément — s'écria-t-il avec joie — la journée est bonne... Sauvé!... cette fois, et pour le coup complétement sauvé... je cours chez le joaillier... et encore... — se dit-il — peut-être... Non, attendons... on ne peut avoir aucun soupçon sur moi... 25,000 francs sont bons à garder... Pardieu... je suis bien sot de jamais douter de mon étoile... au moment où elle semble obscurcie, ne reparaît-elle pas plus brillante encore?... Mais d'où vient cet argent?... l'écriture de l'adresse m'est inconnue... voyons le cachet... le chiffre... mais... oui, oui... je ne me trompe pas... un N et un L... c'est Clotilde!... Comment a-t-elle su?... et pas un mot... c'est bizarre! Quel à-propos!... ah! mon Dieu! j'y songe... je lui avais donné rendez-vous ce matin... Ces menaces de Badinot m'ont bouleversé... J'ai oublié Clotilde...

après m'avoir attendu au rez-de-chaussée, elle s'en sera allée?... Sans doute cet envoi est un moyen délicat de me faire entendre qu'elle craint de se voir oubliée pour des embarras d'argent... Oui, c'est un reproche indirect... de ne m'être pas adressé à elle, comme toujours... Bonne Clotilde... toujours la même!... généreuse comme une reine!... Quel dommage d'en être venu là avec elle... encore si jolie!... Quelquefois j'en ai regret... mais je ne me suis adressé à elle qu'à la dernière extrémité... j'y ai été forcé.

— Le cabriolet de monsieur le vicomte est avancé — vint dire M. Boyer.

— Qui a apporté cette lettre? — lui demanda Florestan.

— Je l'ignore, monsieur le vicomte...

— Au fait, je le demanderai en bas.

— Mais, dites-moi — il n'y a *personne* au rez-de-chaussée? Ajouta le vicomte en regardant Boyer d'un air significatif.

— Il n'y a *plus* personne, monsieur le vicomte.

— Je ne m'étais pas trompé — pensa Florestan — Clotilde m'a attendu et s'en est allée.

— Si monsieur le vicomte voulait avoir la bonté de m'accorder deux minutes? — dit Boyer.

— Dites... et dépêchez-vous...

— Edwards et moi nous avons appris que M. le duc de Montbrison désirait monter sa maison... si monsieur le vicomte voulait être assez bon pour lui proposer la sienne toute meublée... ainsi que son écurie toute montée... ce serait pour moi et pour Edwards une très-bonne occasion de nous défaire de tout, et pour monsieur le vicomte peut-être une bonne occasion de motiver cette vente.

— Mais vous avez pardieu raison, Boyer... pour moi-même... je préfère cela... je verrai Montbrison, je lui parlerai. Quelles sont vos conditions?

— Monsieur le vicomte comprend bien... que nous devons tâcher de profiter le plus possible de sa générosité.

— Et gagner sur votre marché, rien de plus simple!... voyons... le prix.

— Le tout 260,000 francs... monsieur le vicomte.

— Vous gagnez là-dessus, vous et Edwards?...

— Environ 40,000 francs, monsieur le vicomte!...

— C'est joli!... Du reste, tant mieux, car après tout je suis content de vous... Et si j'avais eu un testament à faire, je vous aurais laissé cette somme à vous et à Edwards.

Et le vicomte sortit pour se rendre d'abord chez son créancier, puis chez madame de Lucenay, qu'il ne soupçonnait pas d'avoir assisté à son entretien avec Badinot.

CHAPITRE X.

LA PERQUISITION.

L'hôtel de Lucenay était une de ces royales habitations du faubourg Saint-Germain que le *terrain perdu* rendait si grandioses ; une maison moderne tiendrait à l'aise dans la cage de l'escalier d'un de ces palais, et on bâtirait un quartier tout entier sur l'emplacement qu'ils occupent.

Vers les neuf heures du soir de ce même jour, les deux battants de l'énorme porte de cet hôtel s'ouvrirent devant un étincelant coupé qui, après avoir décrit une courbe savante dans la cour immense, s'arrêta devant un large perron abrité qui conduisait à une première antichambre.

Pendant que le piétinement de deux chevaux ardents et vigoureux retentissait sur le pavé sonore, un gigantesque valet de pied ouvrit la portière armoriée ; un jeune homme descendit lestement de cette brillante voiture, et monta non moins lestement les cinq ou six marches du perron.

Ce jeune homme était le vicomte de Saint-Remy.

En sortant de chez son créancier, qui, satisfait de l'engagement du père de Florestan, avait accordé le délai demandé et devait revenir toucher son argent à dix heures du soir, rue de Chaillot, M. de Saint-Remy s'était rendu chez madame de Lucenay pour la remercier du nouveau service qu'elle lui avait rendu ; mais, n'ayant pas rencontré la duchesse le matin, il arrivait triomphant, certain de la trouver en *prima sera*, heure qu'elle lui réservait habituellement.

A l'empressement de deux des valets de pied de l'antichambre qui coururent ouvrir la porte vitrée dès qu'ils reconnurent la voiture de Florestan, à l'air profondément respectueux avec lequel le reste de la livrée se

LA PERQUISITION. 285

leva spontanément sur le passage du vicomte, enfin à quelques nuances presque imperceptibles, on devinait enfin le *second* ou plutôt le véritable maître de la maison.

Lorsque M. le duc de Lucenay rentrait chez lui, son parapluie à la main et les pieds chaussés de soques démesurés (il détestait de sortir dans le jour en voiture), les mêmes évolutions domestiques se répétaient tout aussi respectueuses; cependant, aux yeux d'un observateur, il y avait une grande différence de physionomie entre l'accueil fait au mari et celui qu'on réservait à l'amant.

Le même empressement se manifesta dans le salon des-valets de chambre lorsque Florestan y entra; à l'instant l'un d'eux le précéda pour aller l'annoncer à madame de Lucenay.

Jamais le vicomte n'avait été plus glorieux, ne s'était senti plus léger, plus sûr de lui, plus conquérant...

La *victoire* qu'il avait remportée le matin sur son père, la nouvelle preuve d'*attachement* de madame de Lucenay, la joie d'être sorti si miraculeusement d'une position terrible, sa renaissante confiance dans son étoile, donnaient à sa jolie figure une expression d'audace et de bonne humeur qui la rendait plus séduisante encore ; jamais enfin il ne s'était senti *mieux*...

Et il avait raison.

Jamais sa taille mince et flexible ne s'était dressée plus cavalière ; jamais il n'avait porté le front et le regard plus haut ; jamais son orgueil n'avait été plus délicieusement chatouillé par cette pensée : « La très-grande dame, maîtresse de ce palais, est à moi, est à mes pieds... ce matin encore elle m'attendait chez moi... »

Florestan s'était livré à ces réflexions singulièrement vaniteuses en traversant trois ou quatre salons qui conduisaient à une petite pièce où la duchesse se tenait habituellement...

Un dernier coup d'œil jeté sur une glace compléta l'excellente opinion que Florestan avait de soi-même.

Le valet de chambre ouvrit les deux battants de la porte du salon, et annonça :

— Monsieur le vicomte de Saint-Remy !..

L'étonnement et l'indignation de la duchesse furent inexprimables.

Elle croyait que le comte n'avait pas caché
à son fils qu'elle aussi avait tout entendu...

Nous l'avons dit : en apprenant combien
Florestan était infâme, l'amour de madame de
Lucenay, subitement éteint, s'était changé en
un dédain glacial.

Nous l'avons dit encore : au milieu de ses
légèretés, de ses erreurs, madame de Lucenay
avait conservé purs et intacts des sentiments
de droiture, d'honneur, de loyauté chevale-
resque d'une vigueur et d'une exigence toutes
viriles ; elle avait les qualités de ses défauts,
les vertus de ses vices : traitant l'amour aussi
cavalièrement qu'un homme le traite, elle
poussait aussi loin, plus loin qu'un homme,
le dévouement, la générosité, le courage, et
surtout l'horreur de toute bassesse.

Madame de Lucenay, devant aller le soir
dans le monde, était, quoique *sans diamants*,
habillée avec son goût et sa magnificence habituelle; cette toilette splendide, le *rouge* vif
qu'elle portait franchement, hardiment, en
femme de cour, jusque sous les paupières, sa
beauté surtout éclatante aux lumières, sa taille
de *déesse marchant sur les nues*, rendaient plus

frappant encore ce grand air que personne au monde ne possédait comme elle, et qu'elle poussait, s'il le fallait, jusqu'à une foudroyante insolence...

On connaît le caractère altier, déterminé de la duchesse : qu'on se figure donc sa physionomie, son regard, lorsque le vicomte s'avançant, pimpant, souriant et confiant, lui dit avec amour :

— Ma chère Clotilde... combien vous êtes bonne!.. combien vous...

Le vicomte ne put achever.

La duchesse était assise et n'avait pas bougé ; mais son geste, son coup d'œil révélèrent un mépris à la fois si calme et si écrasant... que Florestan s'arrêta court...

Il ne put dire un mot ou faire un pas de plus.

Jamais madame de Lucenay ne s'était montrée à lui sous cet aspect. Il ne pouvait croire que ce fût la même femme qu'il avait toujours trouvée douce, tendre, passionnément soumise; car rien n'est plus humble, plus timide qu'une femme résolue, devant l'homme qu'elle aime et qui la domine.

Sa première surprise passée, Florestan eut honte de sa faiblesse; son audace habituelle reprit le dessus. Faisant un pas vers madame de Lucenay pour lui prendre la main, il lui dit, de sa voix la plus caressante :

— Mon Dieu! Clotilde, qu'est-ce donc?.. Je ne t'ai jamais vue si jolie, et pourtant...

— Ah! c'est trop d'impudence! — s'écria la duchesse en se reculant avec tant de dégoût et de hauteur que Florestan demeura de nouveau surpris et atterré.

Reprenant pourtant un peu d'assurance, il lui dit :

— M'apprendrez-vous au moins, Clotilde, la cause de ce changement si soudain? Que vous ai-je fait?.. que voulez-vous?

Sans lui répondre, madame de Lucenay le regarda, comme on dit vulgairement, des pieds à la tête, avec une expression si insultante, que Florestan sentit le rouge de la colère lui monter au front, et il s'écria :

— Je sais, madame, que vous brusquez habituellement les ruptures... Est-ce une rupture que vous voulez?

— La prétention est curieuse! — dit madame de Lucenay avec un éclat de rire sardonique; sachez que lorsqu'un laquais me vole... je ne *romps* pas *avec lui*... je le chasse...

— Madame!..

— Finissons — dit la duchesse d'une voix brève et insolente, votre présence me répugne! Que voulez-vous ici? Est-ce que vous n'avez pas eu votre argent?

— Il était donc vrai... je vous avais devinée... Ces 25,000 francs...

— Votre dernier FAUX est retiré, n'est-ce pas? l'honneur du nom de votre famille est sauvé... C'est bien... allez-vous-en...

— Ah! croyez...

— Je regrette fort cet argent, il aurait pu secourir tant d'honnêtes gens... mais il fallait songer à la honte de votre père et à la mienne.

— Ainsi, Clotilde, vous saviez tout?.. Oh! voyez-vous! maintenant... il ne me reste plus qu'à mourir... — s'écria Florestan du ton le plus pathétique et le plus désespéré.

Un impertinent éclat de rire de la duchesse accueillit cette exclamation tragique, et elle ajouta entre deux accès d'hilarité :

— Mon Dieu ! je n'aurais jamais cru que l'infamie pût être si ridicule !

— Madame !.. — s'écria Florestan, les traits contractés par la rage.

Les deux battants de la porte s'ouvrirent avec fracas, et on annonça :

— M. le duc de Montbrison !

Malgré son empire sur lui-même, Florestan contint à peine la violence de ses ressentiments, qu'un homme plus observateur que le duc eût certainement remarqués.

M. de Montbrison avait à peine dix-huit ans.

Qu'on s'imagine une ravissante figure de jeune fille, blonde, blanche et rose, dont les lèvres vermeilles et le menton satiné seraient légèrement ombragés d'une barbe naissante ; qu'on ajoute à cela de grands yeux bruns encore un peu timides, qui ne demandent qu'à s'émérillonner, une taille aussi svelte que celle de la duchesse, et l'on aura peut-être l'idée de ce jeune duc, le *chérubin* le plus idéal que jamais *comtesse* et *suivante* aient coiffé d'un bonnet de femme, après avoir remarqué la blancheur de son cou d'ivoire.

Le vicomte eut la faiblesse ou l'audace de rester.

— Que vous êtes aimable, Conrad, d'avoir pensé à moi ce soir ! — dit madame de Lucenay du ton le plus affectueux en tendant sa belle main au jeune duc.

Celui-ci allait donner un *shake-hands* à sa cousine, mais Clotilde haussa légèrement la main, et lui dit gaiement:

— Baisez-la, mon cousin, vous avez vos gants.

— Pardon... ma cousine—dit l'adolescent, et il appuya ses lèvres sur la main nue et charmante qu'on lui présentait.

— Que faites-vous ce soir, Conrad? — lui demanda madame de Lucenay, sans paraître s'occuper le moins du monde de Florestan.

— Rien, ma cousine; en sortant de chez vous j'irai au club.

— Pas du tout, vous nous accompagnerez, M. de Lucenay et moi, chez madame de Senneval, c'est son jour; elle m'a déjà demandé plusieurs fois de vous présenter à elle...

— Ma cousine, je serai trop heureux de me mettre à vos ordres.

— Et puis, franchement, je n'aime pas vous voir déjà ces habitudes et ces goûts de club; vous avez tout ce qu'il faut pour être parfaitement accueilli et même recherché dans le monde... il faut donc y aller beaucoup.

— Oui, ma cousine.

— Et comme je suis avec vous à peu près sur le pied d'une grand'mère... mon cher Conrad, je me dispose à exiger infiniment. Vous êtes émancipé, c'est vrai, mais je crois que vous aurez encore long-temps besoin d'une tutelle... Et il faudra vous résoudre à accepter la mienne.

— Avec joie, avec bonheur, ma cousine! — dit vivement le jeune duc.

Il est impossible de peindre la rage muette de Florestan, toujours debout, appuyé à la cheminée.

Ni le duc, ni Clotilde ne faisaient attention à lui. Sachant combien madame de Lucenay se *décidait vite*, il s'imagina qu'elle poussait l'audace et le mépris jusqu'à vouloir se mettre aussitôt et devant lui en coquetterie réglée avec M. de Montbrison.

Il n'en était rien : la duchesse ressentait alors pour son cousin une affection toute maternelle, l'ayant presque vu naître. Mais le jeune duc était si joli, il semblait si heureux du gracieux accueil de sa cousine, que la jalousie, ou plutôt l'orgueil de Florestan, s'exaspéra; son cœur se tordit sous les cruelles morsures de l'envie que lui inspirait Conrad de Montbrison, qui, riche et charmant, entrait si splendidement dans cette vie de plaisirs, d'enivrement et de fête, d'où il sortait, lui, ruiné, flétri, méprisé, déshonoré.

M. de Saint-Remy était brave de cette bravoure de tête, si cela se peut dire, qui fait par colère ou par vanité affronter un duel; mais, vil et corrompu, il n'avait pas ce courage de cœur qui triomphe des mauvais penchants, ou qui, du moins, vous donne l'énergie d'échapper à l'infamie par une mort volontaire.

Furieux de l'infernal mépris de la duchesse, croyant voir un successeur dans le jeune duc, M. de Saint-Remy résolut de lutter d'insolence avec madame de Lucenay, et, s'il le fallait, de chercher querelle à Conrad.

La duchesse, irritée de l'audace de Florestan, ne le regardait pas; et M. de Montbrison, dans son empressement auprès de sa cousine, oubliant un peu les convenances, n'avait pas salué ni dit un mot au vicomte, qu'il connaissait pourtant.

Celui-ci, s'avançant vers Conrad, qui lui tournait le dos, lui toucha légèrement le bras, et dit d'un ton sec et ironique :

— Bonsoir, monsieur... mille pardons de ne pas vous avoir encore aperçu.

M. de Montbrison, sentant qu'il venait en effet de manquer de politesse, se retourna vivement, et dit cordialement au vicomte :

— Monsieur, je suis confus, en vérité... Mais j'ose espérer que ma cousine, qui a causé ma distraction, voudra bien l'excuser auprès de vous... et...

— Conrad — dit la duchesse, poussée à bout par l'impudence de Florestan, qui persistait à rester chez elle et à la braver — Conrad, c'est bon; pas d'excuses... ça n'en vaut pas la peine.

M. de Montbrison, croyant que sa cousine

lui reprochait en plaisantant d'être trop formaliste, dit gaiement au vicomte, blême de colère :

— Je n'insisterai pas, monsieur... puisque ma cousine me le défend... Vous le voyez, sa tutelle commence.

— Et cette tutelle ne s'arrêtera pas là... mon cher monsieur, soyez en certain. Aussi dans cette prévision (que madame la duchesse s'empressera de réaliser, je n'en doute pas), dans cette prévision, dis-je, il me vient l'idée de vous faire une proposition...

— A moi, monsieur? — dit Conrad, commençant à se choquer du ton sardonique de Florestan.

— A vous-même... Je pars dans quelques jours pour la légation de Gérolstein, à laquelle je suis attaché... Je voudrais me défaire de ma maison toute meublée, de mon écurie toute montée ; vous devriez *vous en arranger aussi...*

— Et le vicomte appuya insolemment sur ces derniers mots en regardant madame de Lucenay. — Ce serait fort piquant... n'est-ce pas, madame la duchesse?

— Je ne vous comprends pas, monsieur,

— dit M. de Montbrison de plus en plus étonné.

— Je vous dirai, Conrad, pourquoi vous ne pouvez accepter l'offre qu'on vous fait — dit Clotilde.

— Et pourquoi monsieur ne peut-il pas accepter mon offre, madame la duchesse?

— Mon cher Conrad, ce qu'on vous propose de vous vendre est déjà vendu à d'autres... vous comprenez... vous auriez l'inconvénient d'être volé comme dans un bois.

Florestan se mordit les lèvres de rage.

— Prenez garde, madame! — s'écria-t-il.

— Comment? des menaces... ici... monsieur! — s'écria Conrad.

— Allons donc, Conrad, ne faites pas attention — dit madame de Lucenay en prenant une pastille dans une bonbonnière avec un imperturbable sang-froid — un homme d'honneur ne doit ni ne peut plus se commettre avec monsieur. S'il y tient, je vais vous dire pourquoi!

Un terrible éclat allait avoir lieu peut-être, lorsque les deux battants de la porte s'ouvrirent de nouveau, et M. le duc de Lucenay entra bruyamment, violemment, étourdiment, selon sa coutume.

— Comment, ma chère, vous êtes déjà prête? — dit-il à sa femme; — mais c'est étonnant!.. mais c'est surprenant!.. Bonsoir, Saint-Remy, bonsoir, Conrad... Ah! vous voyez le plus désespéré des hommes... c'est-à-dire que je n'en dors pas, que je n'en mange pas, que j'en suis abruti; je ne peux pas m'y habituer... pauvre d'Harville, quel événement!

Et M. de Lucenay, se jetant à la renverse sur une sorte de causeuse à deux dossiers, lança son chapeau loin de lui avec un geste de désespoir, et, croisant sa jambe gauche sur son genou droit, il prit par manière de contenance son pied dans sa main, continuant de pousser des exclamations désolées.

L'émotion de Conrad et de Florestan put se calmer sans que M. de Lucenay, d'ailleurs l'homme le moins clairvoyant du monde, se fût aperçu de rien.

Madame de Lucenay, non par embarras, elle n'était pas femme à s'embarrasser jamais, on le sait, mais parce que la présence de Florestan lui était aussi répugnante qu'insupportable, dit au duc :

— Quand vous voudrez nous partirons, je présente Conrad à madame de Senneval.

— Non, non, non! — se mit à crier le duc, en abandonnant son pied pour saisir un des coussins sur lequel il frappa violemment de ses deux poings, au grand émoi de Clotilde, qui, aux cris inattendus de son mari, bondit sur son fauteuil.

— Mon Dieu, monsieur, qu'avez-vous? — lui dit-elle — vous m'avez fait une peur horrible.

— Non! — répéta le duc, et, repoussant le coussin, il se leva brusquement et se mit à gesticuler en marchant — je ne puis me faire à l'idée de la mort de ce pauvre d'Harville; et vous, Saint-Remy?

— En effet, cet événement est affreux! — dit le vicomte, qui, la haine et la rage dans le cœur, cherchait le regard de M. de Montbrison; mais celui-ci, d'après les derniers mots de sa cousine, non par manque de cœur, mais par fierté, détournait sa vue d'un homme si cruellement flétri.

— De grâce, monsieur — dit la duchesse à son mari, en se levant; — ne regrettez pas M. d'Harville d'une manière si bruyante et surtout si singulière... Sonnez, je vous prie, pour demander mes gens.

— C'est que c'est vrai aussi — dit M. de Lucenay en saisissant le cordon de la sonnette; — dire qu'il y a trois jours il était plein de vie et de santé... et aujourd'hui, de lui que reste-t-il? Rien... rien... rien!!!

Ces trois dernières exclamations furent accompagnées de trois secousses si violentes, que le cordon de sonnette que le duc tenait à la main, toujours en gesticulant, se sépara du ressort supérieur, tomba sur un candélabre garni de bougies allumées, en renversa deux; l'une, s'arrêtant sur la cheminée, brisa une charmante petite coupe de vieux Sèvres, l'autre roula à terre sur un tapis de foyer en hermine, qui, un moment enflammé, fut presque aussitôt éteint sous le pied de Conrad.

Au même instant deux valets de chambre, appelés par cette sonnerie formidable, accoururent en hâte et trouvèrent M. de Lucenay le cordon de sonnette à la main, la duchesse riant aux éclats de cette ridicule cascatelle de bougies, et de M. Montbrison partageant l'hilarité de sa cousine.

M. de Saint-Remy seul ne riait pas.

M. de Lucenay, fort habitué à ces sortes d'accidents, conservait un sérieux parfait; il jeta le cordon de sonnette à un des gens, et leur dit :

— La voiture de madame.

Clotilde, un peu calmée, reprit :

— En vérité, monsieur, il n'y a que vous au monde capable de donner à rire à propos d'un événement aussi lamentable...

— Lamentable!... Mais, dites-donc effroyable... mais dites-donc épouvantable. Tenez, depuis hier, je suis à chercher combien il y a de personnes, même dans ma propre famille, que j'aurais voulu voir mourir à la place de ce pauvre d'Harville. Mon neveu d'Emberval, par exemple, qui est si impatientant à cause de son bégaiement; ou bien encore votre tante Merinville, qui parle toujours de ses nerfs, de sa migraine, et qui vous avale tous les jours, pour attendre le dîner, une abominable croûte au pot, comme une portière !! Est-ce que vous y tenez beaucoup, à votre tante Merinville?

— Allons donc, monsieur, vous êtes fou ! — dit la duchesse en haussant les épaules.

— Mais c'est que c'est vrai — reprit le duc — on donnerait vingt indifférents pour un ami... n'est-ce pas, Saint-Remy ?

— Sans doute.

— C'est toujours cette vieille histoire du tailleur. La connais-tu, Conrad, l'histoire du tailleur ?

— Non, mon cousin.

— Tu vas comprendre tout de suite l'allégorie. Un tailleur est condamné à être pendu; il n'y avait que lui de tailleur dans le bourg; que font les habitants? Ils disent au juge : Monsieur le juge, nous n'avons qu'un tailleur, et nous avons trois cordonniers; si ça vous était égal de pendre un des trois cordonniers à la place du tailleur, nous aurions bien assez de deux cordonniers. Comprends-tu l'allégorie, Conrad ?

— Oui, mon cousin.

— Et vous, Saint-Remy?

— Moi aussi.

— La voiture de madame la duchesse! — dit un des gens.

— Ah ! çà, mais pourquoi donc que vous n'avez pas mis vos diamants ? — dit tout à coup M. de Lucenay ; — avec cette toilette-là ils iraient joliment bien !

Saint-Remy tressaillit.

— Pour une pauvre fois que nous allons dans le monde ensemble — reprit le duc — vous auriez bien pu m'en faire honneur de vos diamants...c'est qu'ils sont beaux, les diamants de la duchesse... les avez-vous vus, Saint-Remy ?

— Oui... Monsieur les connaît... parfaitement — dit Clotilde ; puis elle ajouta : — Votre bras, Conrad...

M. de Lucenay suivit la duchesse avec Saint-Remy, qui ne se possédait pas de colère.

— Est-ce que vous ne venez pas avec nous chez les Senneval, Saint-Remy ? — lui dit M. de Lucenay.

— Non... impossible — répondit-il brusquement.

— Tenez, Saint-Remy, madame de Senneval, voilà encore une personne... qu'est-ce que je dis, une?.. deux... que je sacrifierais volontiers; car son mari est aussi sur ma liste.

— Quelle liste?

— Celle des gens qu'il m'aurait été bien égal de voir mourir, pourvu que d'Harville nous fût resté.

Au moment où dans le salon d'attente M. de Montbrison aidait la duchesse à mettre sa mante, M. de Lucenay, s'adressant à son cousin, lui dit :

— Puisque tu viens avec nous, Conrad... dis à ta voiture de suivre la nôtre... à moins que vous ne veniez, Saint-Remy, alors vous me donneriez une place... et je vous raconterais une bonne autre histoire, qui vaut bien celle du tailleur.

— Je vous remercie — dit sèchement Saint-Remy; — je ne puis vous accompagner.

— Alors, au revoir, mon cher... Est-ce que vous êtes en querelle avec ma femme ? la voilà qui monte en voiture sans vous dire un mot.

En effet, la voiture de la duchesse étant avancée au bas du perron, elle y monta légèrement.

— Mon cousin?.. — dit Conrad en attendant M. de Lucenay, par déférence...

— Monte donc!.. monte donc! — dit le duc, qui, arrêté un moment au haut du perron, considérait l'élégant attelage de la voiture du vicomte.

— Ce sont vos chevaux alezans... Saint-Remy?

— Oui...

— Et votre gros Edwards... quelle tournure!.. Voilà ce qui s'appelle un cocher de bonne maison!.. Voyez comme il a bien ses chevaux dans la main!.. Il faut être juste, il n'y a pourtant que ce diable de Saint-Remy pour avoir ce qu'il y a de mieux en tout.

— Madame de Lucenay et son cousin vous attendent, mon cher — dit M. de Saint-Remy avec amertume.

— C'est pardieu vrai... suis-je grossier!.. Au revoir, Saint-Remy... Ah! j'oubliais — dit le duc en s'arrêtant au milieu du perron — si vous n'avez rien de mieux à faire, venez donc dîner avec nous demain : lord Dudley m'a envoyé d'Ecosse des grouses (coqs de bruyère). Figurez-vous que c'est quelque chose de monstrueux... C'est dit, n'est-ce pas?

Et le duc rejoignit sa femme et Conrad.

Saint-Remy, resté seul sur le perron, vit la voiture partir.

La sienne avança.

Il y monta en jetant un regard de colère, de haine et de désespoir sur cette maison, où il était entré si souvent en maître, et qu'il quittait ignominieusement chassé.

— Chez moi — dit-il brusquement.

— A l'hôtel ! — dit le valet de pied à Edwards, en fermant la portière.

On comprend quelles furent les pensées amères et désolantes de Saint-Remy en revenant chez lui.

Au moment où il rentra, Boyer, qui l'attendait sous le péristyle, lui dit :

— M. le comte est en haut... qui attend M. le vicomte.

— C'est bien...

— Il y a aussi là un homme à qui M. le vicomte a donné rendez-vous à dix heures, M. Petit-Jean...

— Bien, bien.

— Oh! quelle soirée! — dit Florestan en

montant rejoindre son père qu'il trouva dans le salon du premier étage, où s'était passée leur entrevue du matin.

— Mille pardons! mon père, de ne pas m'être trouvé ici lors de votre arrivée... mais je...

— L'homme qui a en mains cette traite fausse, est-il ici? — dit le comte en interrompant son fils.

— Oui, mon père, il est en bas...

— Faites-le monter...

Florestan sonna, Boyer parut.

— Dites à M. Petit-Jean de monter,...

— Oui, monsieur le vicomte — et Boyer sortit.

— Combien vous êtes bon, mon père, de vous être souvenu de votre promesse...

— Je me souviens toujours de ce que je promets...

— Que de reconnaissance!.. Comment jamais vous prouver...

— Je ne voulais pas que mon nom fût déshonoré... Il ne le sera pas...

— Il ne le sera pas!.. non... et il ne le sera plus, je vous le jure, mon père...

20.

Le comte regarda son fils d'un air singulier, et il répéta :

— Non, il ne le sera plus !

Puis il ajouta d'un air sardonique :

— Vous êtes devin ?

— C'est que je lis ma résolution dans mon cœur...

Le père de Florestan ne répondit rien.

Il se promena de long en large dans la chambre, les deux mains plongées dans les poches de sa longue redingote.

Il était pâle.

— Monsieur Petit-Jean — dit Boyer en introduisant un homme à figure basse, sordide, et rusée.

— Où est cette traite ? — dit le comte.

— La voici, monsieur — dit Petit-Jean (*l'homme de paille* de Jacques Ferrand le notaire), en présentant le titre au comte.

— Est-ce bien cela ? — dit celui-ci à son fils, en lui montrant la traite d'un coup-d'œil.

— Oui, mon père...

Le comte tira de la poche de son gilet vingt-cinq billets de mille francs, les remit à son fils, et lui dit :

— Payez!

Florestan paya et prit la traite avec un profond soupir de satisfaction.

M. Petit-Jean plaça soigneusement les billets dans un vieux portefeuille, et salua.

M. de Saint-Remy sortit avec lui du salon, pendant que Florestan déchirait prudemment la traite.

— Au moins les 25,000 francs de Clotilde me restent. Si rien ne se découvre... c'est une consolation... Mais comme elle m'a traité!... Ah çà, qu'est-ce que mon père peut avoir à dire à M. Petit-Jean?

Le bruit d'une serrure que l'on fermait à double tour fit tressaillir le vicomte.

Son père rentra...

Sa pâleur avait augmenté.

— Il me semble, mon père, avoir entendu fermer la porte de mon cabinet?

— Oui, je l'ai fermée...

— Vous, mon père?... Et pourquoi? — demanda Florestan stupéfait.

— Je vais vous le dire.

Et le comte se plaça de manière à ce que

son fils ne pût passer par l'escalier dérobé qui conduisait au rez-de-chaussée.

Florestan, inquiet, commençait à remarquer la physionomie sinistre de son père, et suivait tous ses mouvements avec défiance.

Sans pouvoir se l'expliquer, il ressentait une vague terreur.

— Mon père... qu'avez-vous?...

— Ce matin, en me voyant, votre seule pensée a été celle-ci: Mon père ne laissera pas déshonorer son nom, il paiera... si je parviens à l'étourdir par quelques feintes paroles de repentir.

— Ah! pouvez-vous croire que...

— Ne m'interrompez pas... Je n'ai pas été votre dupe: il n'y a chez vous ni honte, ni regrets, ni remords: vous êtes vicié jusqu'au cœur, vous n'avez jamais eu un sentiment honnête; vous n'avez pas volé tant que vous avez possédé de quoi satisfaire vos caprices, c'est ce qu'on appelle la probité des riches de votre espèce; puis sont venues les indélicatesses, puis les bassesses, puis le crime, les faux... Ceci n'est que la première période de votre vie... elle est belle et pure, comparée à celle qui vous attendrait...

— Si je ne changeais pas de conduite, je l'avoue, mais j'en changerai... mon père... je vous l'ai juré.

— Vous n'en changeriez pas...

— Mais...

— Vous n'en changeriez pas... Chassé de la société où vous avez jusqu'ici vécu, vous deviendriez bientôt criminel à la manière des misérables parmi lesquels vous serez rejeté, voleur inévitablement... et si besoin est... assassin... Voilà votre avenir.

— Assassin !... moi ?...

— Oui, parce que vous êtes lâche !

— J'ai eu des duels, et j'ai prouvé...

— Je vous dis que vous êtes lâche ! Vous avez préféré l'infamie à la mort !... Un jour viendrait où vous préféreriez l'impunité de vos nouveaux crimes à la vie d'autrui. Cela ne peut pas être, je ne veux pas que cela soit... J'arrive à temps pour sauver du moins désormais mon nom d'un déshonneur public... Il faut en finir...

— Comment, mon père... en finir !... Que

voulez-vous dire? — s'écria Florestan de plus en plus effrayé de l'expression redoutable de la figure de son père et de sa pâleur croissante.

Tout à coup on heurta violemment à la porte du cabinet; Florestan fit un mouvement pour aller ouvrir, afin de mettre un terme à une scène qui l'effrayait, mais le comte le saisit d'une main de fer et le retint.

— Qui frappe? — demanda le comte.

— Au nom de la loi ouvrez... ouvrez!... — dit une voix.

— Ce faux n'était donc pas le dernier? — s'écria le comte à voix basse, en regardant son fils d'un air terrible.

— Si, mon père... je vous le jure — dit Florestan en tâchant en vain de se débarrasser de la vigoureuse étreinte de son père.

— Au nom de la loi... ouvrez!... — répéta la voix.

— Que voulez-vous? — demanda le comte.

— Je suis le commissaire de police; je viens procéder à des perquisitions pour un vol de diamants dont est accusé M. de Saint-Remy... M. Baudoin, joaillier, a des preuves.

Si vous n'ouvrez pas, monsieur... je serai obligé de faire enfoncer la porte.

— Déjà voleur !... je ne m'étais pas trompé... — dit le comte à voix basse. — Je venais vous tuer... j'ai trop tardé...

— Me tuer !

— Assez de déshonneur sur mon nom ; finissons : j'ai là deux pistolets... vous allez vous brûler la cervelle... sinon, moi, je vous la brûle, et je dirai que vous vous êtes tué de désespoir pour échapper à la honte.

Et le comte, avec un effrayant sang-froid, tira de sa poche un pistolet, et, de la main qu'il avait de libre, le présenta à son fils en lui disant :

— Allons !... finissons, si vous n'êtes pas un lâche !

Après de nouveaux et inutiles efforts pour échapper aux mains du comte, son fils se renversa en arrière, frappé d'épouvante, et devint livide.

Au regard terrible, inexorable de son père, il vit qu'il n'y avait aucune pitié à attendre de lui.

— Mon père !... — s'écria-t-il.

— Il faut mourir !

— Je me repens !...

— Il est trop tard !... Entendez-vous ?... ils ébranlent la porte !...

— J'expierai mes fautes !...

— Ils vont entrer !... Il faut donc que ce soit moi qui te tue ?

— Grâce !...

— La porte va céder !... tu l'auras voulu !...

Et le comte appuya le canon de l'arme sur la poitrine de Florestan.

Le bruit extérieur annonçait qu'en effet la porte du cabinet ne pouvait résister plus longtemps.

Le vicomte se vit perdu.

Une résolution soudaine et désespérée éclata sur son front ; il ne se débattit plus contre son père, et lui dit avec autant de fermeté que de résignation :

— Vous avez raison, mon père... donnez cette arme. Assez d'infamie sur mon nom, la vie qui m'attend est affreuse, elle ne vaut pas la peine d'être disputée. Donnez cette arme. Vous allez voir si je suis lâche. — Et il étendit sa main vers le pistolet...— Mais, au moins...

un mot, un seul mot de consolation, de pitié, d'adieu — dit Florestan.

Et ses lèvres tremblantes, sa pâleur, sa physionomie bouleversée, annonçaient l'émotion terrible de ce moment suprême.

— Si c'était mon fils pourtant !... pensa le comte avec terreur, en hésitant à lui remettre le pistolet. — Si c'est mon fils, je dois encore moins hésiter devant ce sacrifice...

Un long craquement de la porte du cabinet annonça qu'elle venait d'être forcée.

— Mon père... ils entrent... Oh! je le sens maintenant, la mort est un bienfait... Merci... merci... mais au moins, votre main, et pardonnez-moi !

Malgré sa dureté, le comte ne put s'empêcher de tressaillir et de dire d'une voix émue :

— Je vous pardonne...

— Mon père... la porte s'ouvre... allez à eux... qu'on ne vous soupçonne pas au moins... Et puis, s'ils entraient ici, ils m'empêcheraient d'en finir... Adieu...

Les pas de plusieurs personnes s'entendirent dans la pièce voisine.

Florestan se posa le canon du pistolet sur le cœur.

Le coup partit au moment où le comte, pour échapper à cet horrible spectacle, détournait la vue, et se précipitait hors du salon, dont les portières se refermèrent sur lui.

Au bruit de l'explosion, à la vue du comte pâle et égaré, le commissaire s'arrêta subitement près du seuil de la porte, faisant signe à ses agents de ne pas avancer.

Averti par Boyer que le vicomte était enfermé avec son père, le magistrat comprit tout, et respecta cette grande douleur.

—Mort!...—s'écria le comte en cachant sa figure dans ses mains...—mort!!!—répéta-t-il avec accablement. — Cela était juste... mieux vaut la mort que l'infamie... mais c'est affreux!

—Monsieur...—dit tristement le magistrat après quelques minutes de silence —épargnez-vous un douloureux spectacle, quittez cette maison... Maintenant il me reste à remplir un autre devoir plus pénible encore que celui qui m'appelait ici.

— Vous avez raison, monsieur—dit M. de

Saint-Remy. — Quant à la victime du vol, vous pouvez lui dire de se présenter chez M. Dupont, banquier.

— Rue de Richelieu... il est bien connu — répondit le magistrat.

— A quelle somme sont estimés les diamants volés?

— A 30,000 francs environ... monsieur; la personne qui les a achetés, et par laquelle le vol s'est découvert, en a donné cette somme... à votre fils.

— Je pourrai encore payer cela, monsieur... Que le joaillier se trouve après-demain chez mon banquier, je m'entendrai avec lui.

Le commissaire s'inclina.

Le comte sortit.

Après le départ de ce dernier, le magistrat, profondément touché de cette scène inattendue, se dirigea lentement vers le salon, dont les portières étaient baissées.

Il les souleva avec émotion.

— Personne!... — s'écria-t-il stupéfait, en regardant autour du salon et n'y voyant pas la moindre trace de l'événement tragique qui avait dû s'y passer.

Puis, remarquant la petite porte pratiquée dans la tenture, il y courut.

Elle était fermée du côté de l'escalier dérobé.

— C'était une ruse... c'est par là qu'il aura pris la fuite! — s'écria-t-il avec dépit.

En effet, le vicomte devant son père s'était posé le pistolet sur le cœur, mais il avait ensuite fort habilement tiré par dessous son bras, et avait prestement disparu.

. . . .

Malgré les plus actives recherches dans toute la maison, on ne put retrouver Florestan.

Pendant l'entretien de son père et du commissaire, il avait rapidement gagné le boudoir, puis la serre chaude, puis la ruelle déserte, et enfin les Champs-Élysées.

. . . .

Le tableau de cette ignoble dégradation dans l'opulence est chose triste...

Nous le savons.

Mais, faute d'enseignements, les classes riches ont aussi *fatalement* leurs misères, leurs vices, leurs crimes.

Rien de plus fréquent et de plus affligeant que ces prodigalités insensées, stériles, que nous venons de peindre, et qui toujours entraînent ruine, déconsidération, bassesse ou infamie.

C'est un spectacle déplorable... funeste... autant voir un florissant champ de blé inutilement ravagé par une horde de bêtes fauves.

Sans doute l'héritage, la propriété sont et doivent être inviolables, sacrés...

La richesse acquise ou transmise doit pouvoir impunément et magnifiquement resplendir aux yeux des masses pauvres et souffrantes.

Long-temps encore il doit y avoir de ces disproportions effrayantes, qui existent entre le millionnaire *Saint-Remy* et l'artisan *Morel*.

Mais par cela même que ces disproportions inévitables sont consacrées, protégées par la loi, ceux qui possèdent tant de biens, en doivent *moralement compte* à ceux qui ne possèdent que probité, résignation, courage et ardeur du travail.

Aux yeux de la raison, du *droit humain* et même de l'intérêt social bien entendu, une grande fortune serait un dépôt héréditaire, confié à des mains prudentes, fermes, habiles, généreuses, qui, chargées à la fois de faire fructifier et de dispenser cette fortune, sauraient fertiliser, vivifier, améliorer tout ce qui aurait le bonheur de se trouver dans son rayonnement splendide et salutaire.

Il en est ainsi quelquefois ; mais les cas sont rares.

Que de jeunes gens comme Saint-Remy (à l'infamie près), maîtres à vingt ans d'un patrimoine considérable, le dissipent follement dans l'oisiveté, dans l'ennui, dans le vice, faute de savoir employer mieux ces biens, et pour eux et pour autrui!

D'autres, effrayés de l'instabilité des choses humaines, thésaurisent d'une manière sordide.

Enfin ceux-là, sachant qu'une fortune stationnaire s'amoindrit, se livrent, forcément dupes ou fripons, à cet agiotage hasardeux, immoral, que le pouvoir encourage et patrone.

Comment en serait-il autrement?

Cette science, cet enseignement, ces rudiments d'*économie individuelle* et par cela même sociale, qui les donne à la jeunesse inexpérimentée?

Personne.

Le riche est jeté au milieu de la société avec sa richesse, comme le pauvre avec sa pauvreté.

On ne prend pas plus de souci du superflu de l'un que des besoins de l'autre.

On ne songe pas plus à moraliser la fortune que l'infortune.

N'est-ce pas au pouvoir à remplir cette grande et noble tâche?

Si, prenant enfin en pitié les misères, les douleurs toujours croissantes des travailleurs ENCORE RÉSIGNÉS... réprimant une concurrence, mortelle à tous, abordant enfin l'imminente question de l'organisation du travail, il donnait lui-même le salutaire exemple de l'*association des capitaux et du labeur*...

Mais d'une association honnête, intelligente, équitable, qui assurerait le bien-être de l'artisan sans nuire à la fortune du riche... et qui, établissant entre ces deux classes des liens d'affection, de reconnaissance, sauvegarderait à jamais la tranquillité de l'Etat...

Combien seraient puissantes les conséquences d'un tel enseignement pratique !

Parmi les riches, qui hésiterait alors :

Entre les chances improbes, désastreuses de l'agiotage,

Les farouches jouissances de l'avarice,

Les folles vanités d'une dissipation ruineuse,

Ou un placement à la fois fructueux, bienfaisant, qui répandrait l'aisance, la moralité, le bonheur, la joie dans vingt familles?..

CHAPITRE XI.

LES ADIEUX.

... J'ai cru — j'ai vu — je pleure...
(WORDSWORTH).

Le lendemain de cette soirée où le comte de Saint-Remy avait été si indignement joué par son fils, une scène touchante se passait à Saint-Lazare, à l'heure de la récréation des détenues.

Ce jour-là, pendant la promenade des autres prisonnières, Fleur-de-Marie était assise sur un banc avoisinant le bassin du préau, et déjà surnommé le *banc de la Goualeuse*: par une sorte de convention tacite, les détenues lui abandonnaient cette place, qu'elle aimait, car la douce influence de la jeune fille avait encore augmenté.

La Goualeuse affectionnait ce banc situé près du bassin, parce qu'au moins le peu de mousse qui veloutait les margelles de ce reservoir lui rappelait la verdure des champs, de même que l'eau limpide dont il était rempli lui rappelait la petite rivière du village de Bouqueval.

Pour le regard attristé du prisonnier, une touffe d'herbe est une prairie... une fleur est un parterre...

Confiante dans les affectueuses promesses de madame d'Harville, Fleur-de-Marie s'était attendue depuis deux jours à quitter Saint-Lazare.

Quoiqu'elle n'eût aucune raison de s'inquiéter du retard que l'on apportait à sa sortie de prison, la jeune fille, dans son habitude du malheur, osait à peine espérer d'être bientôt libre...

Depuis son retour parmi ces créatures dont l'aspect, dont le langage ravivaient à chaque instant dans son âme le souvenir incurable de sa première honte, la tristesse de Fleur-de-Marie était devenue plus accablante encore.

Ce n'est pas tout.

Un nouveau sujet de trouble, de chagrin, presque d'épouvante pour elle, naissait de l'exaltation passionnée de sa reconnaissance envers Rodolphe.

Chose étrange! elle ne sondait la profondeur de l'abîme où elle avait été plongée, que pour mesurer la distance qui la séparait de cet homme dont la grandeur lui semblait surhumaine... de cet homme à la fois d'une bonté si auguste... et d'une puissance si redoutable aux méchants...

Malgré le respect dont était empreinte son adoration pour lui, quelquefois, hélas! Fleur-de-Marie craignait de reconnaître dans cette adoration les caractères de l'amour... mais d'un amour aussi caché que profond, aussi chaste que caché, aussi désespéré que chaste.

La malheureuse enfant n'avait cru lire dans son cœur cette désolante révélation qu'après son entretien avec madame d'Harville, éprise elle-même pour Rodolphe d'une passion qu'il ignorait.

Après le départ et les promesses de la marquise, Fleur-de-Marie aurait dû être transportée de joie en songeant à ses amis de Bouqueval, à Rodolphe qu'elle allait revoir...

Il n'en fut rien.

Son cœur se serra douloureusement... sans cesse revenaient à son souvenir les paroles acerbes, les regards hautains, scrutateurs de madame d'Harville, lorsque la pauvre prisonnière s'était élevée juqu'à l'enthousiasme en parlant de son bienfaiteur.

Par une singulière intuition, la Goualeuse avait ainsi surpris une partie du secret de madame d'Harville.

« L'exaltation de ma reconnaissance pour M. Rodolphe a blessé cette jeune dame si belle, et d'un rang si élevé — pensa Fleur-de-Marie. — Maintenant je comprends l'amertume de ses paroles, elles exprimaient une jalousie dédaigneuse?

» Elle! jalouse de moi? il faut donc qu'elle l'aime... et que je l'aime aussi, lui?.. il faut donc que mon amour se soit trahi malgré moi?.....

» L'aimer... moi, moi... créature à jamais flétrie, ingrate et misérable que je suis... oh! si cela était... mieux vaudrait cent fois la mort... »

Hâtons-nous de le dire, la malheureuse enfant, qui semblait vouée à tous les martyres, s'exagérait ce qu'elle appelait *son amour.*

A sa gratitude profonde envers Rodolphe, se joignait une admiration involontaire pour la grâce, la force, la beauté qui le distinguaient entre tous; rien de plus immatériel, rien de plus pur que cette admiration, mais elle existait vive et puissante, parce que la beauté physique est toujours attrayante.

Et puis enfin, la voix du sang, si souvent niée, muette, ignorante ou méconnue, se fait parfois entendre; ces élans de tendresse passionnée qui entraînaient Fleur-de-Marie vers Rodolphe, et dont elle s'effrayait, parce que dans son ignorance elle en dénaturait la tendance, ces élans résultaient de mystérieuses sympathies, aussi évidentes mais aussi inexplicables que la ressemblance des traits...

En un mot, Fleur-de-Marie, apprenant qu'elle était fille de Rodolphe, se fût expliqué la vive attraction qu'elle ressentait pour lui; alors complétement éclairée, elle eût admiré, sans scrupule, la beauté de son père.

Ainsi s'explique l'abattement de Fleur-de-

Marie, quoiqu'elle dût s'attendre d'un moment à l'autre, d'après la promesse de madame d'Harville, à quitter Saint-Lazare.

Fleur-de-Marie, mélancolique et pensive, était donc assise sur son banc auprès du bassin, regardant avec une sorte d'intérêt machinal les jeux de quelques oiseaux effrontés qui venaient s'ébattre sur les margelles de pierre. Un moment elle avait cessé de travailler à une petite brassière d'enfant qu'elle finissait d'ourler.

Est-il besoin de dire que cette brassière appartenait à la nouvelle layette si généreusement offerte à Mont-Saint-Jean par les prisonnières, grâce à la touchante intervention de Fleur-de-Marie.

La pauvre et difforme protégée de la Goualeuse était assise à ses pieds; tout en s'occupant de parfaire un petit bonnet, de temps à autre elle jetait sur sa bienfaitrice un regard à la fois reconnaissant, timide et dévoué... le regard du chien sur son maître.

La beauté, le charme, la douceur adorable de Fleur-de-Marie inspiraient à cette femme avilie autant d'attrait que de respect.

LES ADIEUX.

Il y a toujours quelque chose de saint, de grand dans les aspirations d'un cœur même dégradé, qui, pour la première fois, s'ouvre à la reconnaissance; et jusqu'alors personne n'avait mis Mont-Saint-Jean à même d'éprouver la religieuse ardeur de ce sentiment si nouveau pour elle.

Au bout de quelques minutes, Fleur-de-Marie tressaillit légèrement, essuya une larme et se remit à coudre avec activité.

— Vous ne voulez donc pas vous reposer de travailler pendant la récréation, mon bon ange sauveur? — dit Mont-Saint-Jean à la Goualeuse.

— Je n'ai pas donné d'argent pour acheter la layette... je dois fournir ma part en ouvrage... — reprit la jeune fille.

— Votre part!... mon bon Dieu!... mais sans vous, au lieu de cette bonne toile bien blanche, de cette futaine bien chaude, pour habiller mon enfant, je n'aurais que ces haillons que l'on traînait dans la boue de la cour... Je suis bien reconnaissante envers mes compagnes, elles ont été très-bonnes pour moi... c'est vrai... mais vous? O vous!... comment donc que je vous dirai cela — ajouta la pauvre créature en hésitant et très-embarrassée d'exprimer sa pensée. — Tenez — reprit-elle — voilà le soleil, n'est ce pas?... voilà le soleil?...

— Oui, Mont-Saint-Jean... voyons, je vous écoute — répondit Fleur-de-Marie en inclinant son visage enchanteur vers la hideuse figure de sa compagne.

— Mon Dieu... vous allez vous moquer de moi — reprit celle-ci tristement — je veux me mêler de parler... et je ne le sais pas...

— Dites toujours, Mont-Saint-Jean.

— Avez-vous des bons yeux d'ange! — dit la prisonnière en contemplant Fleur-de-Marie dans une sorte d'extase — ils m'encouragent... vos bons yeux... voyons, je vas tâcher de dire ce que je voulais; voilà le soleil, n'est-ce pas? il est bien chaud, il égaie la prison, il est bien agréable à voir et à sentir, pas vrai?

— Sans doute...

— Mais une supposition... ce soleil.... ne s'est pas fait tout seul, et si on est reconnaissant pour lui, à plus forte raison pour...

— Pour celui qui l'a créé, n'est-ce pas, Mont-Saint-Jean?... Vous avez raison... aussi, celui-là on doit le prier, l'adorer... c'est Dieu.

— C'est çà... voilà mon idée — s'écria joyeusement la prisonnière ; — c'est ça, je dois être reconnaissante pour mes compagnes ; mais je dois vous prier, vous adorer, vous, la Goualeuse, car c'est vous qui les avez rendues bonnes pour moi, au lieu de méchantes qu'elles étaient.

— C'est Dieu qu'il faut remercier, Mont-Saint-Jean, et non pas moi.

— Oh! si... vous, vous... je vous vois... vous m'avez fait du bien et par vous et par les autres.

— Mais si je suis bonne comme vous dites, Mont-Saint-Jean, c'est Dieu qui m'a faite ainsi... c'est donc lui qu'il faut remercier.

— Ah ! dame... alors peut-être bien... puisque vous le dites — reprit la prisonnière indécise ; — si ça vous fait plaisir... comme ça... à la bonne heure...

— Oui, ma pauvre Mont-Saint-Jean... priez-le souvent... Ce sera la meilleure manière de me prouver que vous m'aimez un peu...

— Si je vous aime, la Goualeuse! mon

Dieu, mon Dieu!! Mais vous ne vous souvenez donc plus de ce que vous disiez aux autres détenues pour les empêcher de me battre? *Ce n'est pas seulement elle que vous battez... c'est aussi son enfant...* Eh bien... c'est tout de même pour vous aimer; ça n'est pas seulement pour moi que je vous aime, c'est aussi pour mon enfant.

— Merci, merci, Mont-Saint-Jean, vous me faites plaisir en me disant cela.

Et Fleur-de-Marie émue tendit sa main à sa compagne.

— Quelle belle petite menotte de fée... est-elle blanche et mignonne! — dit Mont Saint-Jean en se reculant comme si elle eût craint de toucher, de ses vilaines mains rouges et sordides, cette main charmante.

Pourtant, après un moment d'hésitation, elle effleura respectueusement de ses lèvres le bout des doigts effilés que lui présentait Fleur-de-Marie; puis, s'agenouillant brusquement, elle se mit à la contempler fixement dans un recueillement attentif, profond.

— Mais venez donc vous asseoir là... près de moi — lui dit la Goualeuse.

— Oh! pour ça non, par exemple... jamais... jamais...

— Pourquoi cela?

— Respect à la discipline, comme disait autrefois mon brave Mont-Saint-Jean; soldats ensemble, officiers ensemble, chacun avec ses pareils.

— Vous êtes folle... il n'y a aucune différence entre nous deux...

— Aucune différence... mon bon Dieu! Et vous dites ça quand je vous vois comme je vous vois, aussi belle qu'une reine; oh! tenez... qu'est-ce que cela vous fait... laissez-moi là, à genoux, vous bien, bien regarder comme tout à l'heure... Dame... qui sait... quoique je sois un vrai monstre, mon enfant vous ressemblera peut-être... On dit que quelquefois par un regard... ça arrive.

Puis par un scrupule d'une incroyable délicatesse chez une créature de cette espèce, craignant d'avoir peut-être humilié ou blessé Fleur-de-Marie par ce vœu singulier, Mont-Saint-Jean ajouta tristement :

— Non, non, je dis cela en plaisantant, allez, la Goualeuse... je ne me permettrais pas de vous regarder dans cette idée là... sans que vous me le permettiez... Mon enfant sera aussi laid que moi... qu'est-ce que ça me fait... je ne l'en aimerai pas moins; pauvre petit malheureux, il n'a pas demandé à naître, comme on dit... Et s'il vit... qu'est-ce qu'il deviendra—dit-elle d'un air sombre et abattu.—Hélas... oui... qu'est-ce qu'il deviendra, mon Dieu?

La Goualeuse tressaillit à ces paroles.

En effet, que pouvait devenir l'enfant de cette misérable, avilie, dégradée, pauvre et méprisée... quel sort!... quel avenir!...

—Ne pensez pas à cela, Mont-Saint-Jean—reprit Fleur-de-Marie; — espérez que votre enfant trouvera des personnes charitables sur son chemin.

—Oh! on n'a pas deux fois la chance, voyez-vous, la Goualeuse— dit amèrement Mont-Saint-Jean en secouant la tête; —je vous ai rencontrée... vous... c'est déjà un grand hasard... Et, tenez, soit dit sans vous offenser, j'aurais mieux aimé que mon enfant ait eu ce bonheur-là que moi. Ce vœu-là... c'est tout ce que je peux lui donner.

— Priez, priez... Dieu vous exaucera.

— Allons, je prierai, si ça vous fait plaisir, la Goualeuse, ça me portera peut-être bonheur; au fait, qui m'aurait dit, quand la Louve me battait, et que j'étais le *pâtiras* de tout le monde, qu'il se trouverait là un bon petit ange sauveur qui, avec sa jolie voix douce, serait plus fort que tout le monde et que la Louve, qui est si forte et si méchante...

— Oui, mais la Louve a été bien bonne pour vous... quand elle a réfléchi que vous étiez doublement à plaindre.

— Oh! ça c'est vrai... grâce à vous, et je ne l'oublierai jamais... Mais dites-donc, la Goualeuse : pourquoi donc a-t-elle, depuis l'autre jour, demandé à changer de quartier, la Louve... elle qui malgré ses colères avait l'air de ne pouvoir plus se passer de vous?

— Elle est un peu capricieuse...

— C'est drôle... une femme qui est venue ce matin du quartier de la prison où est la Louve, dit qu'elle est toute changée...

— Comment cela?

— Au lieu de quereller ou de menacer le monde, elle est triste... triste, et s'isole dans les coins; si on lui parle, elle vous tourne le dos et ne vous répond pas... A présent la voir muette, elle qui criait toujours, c'est étonnant, n'est-ce pas? Et puis cette femme m'a dit encore une chose, mais pour cela... je ne le crois pas.

— Quoi donc?...

— Elle dit avoir vu pleurer la Louve... pleurer la Louve, c'est impossible...

— Pauvre Louve... c'est à cause de moi qu'elle a voulu changer de quartier.... je l'ai chagrinée sans le vouloir — dit la Goualeuse en soupirant.

— Vous? chagriner quelqu'un, mon bon ange sauveur...

A ce moment l'inspectrice, madame Armand, entra dans le préau.

Après avoir cherché des yeux Fleur-de-Marie, elle vint à elle, l'air satisfait et souriant.

— Bonne nouvelle, mon enfant...

— Que dites-vous, madame? — s'écria la Goualeuse en se levant.

— Vos amis ne vous ont pas oubliée, ils ont obtenu votre mise en liberté... M. le directeur vient d'en recevoir l'avis.

— Il serait possible, madame? ah! quel bonheur, mon Dieu!...

Et l'émotion de Fleur-de-Marie fut si violente qu'elle pâlit, mit sa main sur son cœur qui battait avec violence, et retomba sur son banc.

— Calmez-vous, mon enfant—lui dit madame Armand avec bonté — heureusement ces secousses-là sont sans danger.

— Ah! madame, que de reconnaissance...

— C'est sans doute madame la marquise d'Harville qui a obtenu votre liberté... Il y a là une vieille dame chargée de vous conduire chez des personnes qui s'intéressent à vous... Attendez-moi, je vais revenir vous prendre, j'ai quelques mots à dire à l'atelier.

Il serait difficile de peindre l'expression de morne désolation qui assombrit les traits de Mont-Saint-Jean, en apprenant que son bon ange sauveur, comme elle appelait la Goualeuse, allait quitter Saint-Lazare.

La douleur de cette femme était moins causée par la crainte de redevenir le souffre-douleur de la prison, que par le chagrin de se voir séparée du seul être qui lui eût jamais témoigné quelque intérêt.

Toujours assise au pied du banc, Mont-Saint-Jean porta ses mains aux deux touffes de cheveux hérissés qui sortaient en désordre de son vieux bonnet noir, comme pour se les arracher; puis, cette violente affliction faisant place à l'abattement, elle laissa retomber sa tête, et resta muette, immobile, le front caché dans ses mains, les coudes appuyés sur ses genoux.

Malgré sa joie de quitter la prison, Fleur-de-Marie ne put s'empêcher de frissonner un moment au souvenir de la Chouette et du Maître d'école, se rappelant que ces deux monstres lui avaient fait jurer de ne pas informer ses bienfaiteurs de son triste sort.

Mais ces funestes pensées s'effacèrent bientôt de l'esprit de Fleur-de-Marie, devant l'espoir de revoir Bouqueval, madame Georges, Rodolphe, à qui elle voulait recommander la Louve et Martial; il lui semblait même que le sentiment exalté qu'elle se reprochait d'éprouver pour son bienfaiteur, n'étant plus nourri par le chagrin et par la solitude, se calmerait dès qu'elle reprendrait ses occupations rustiques qu'elle aimait tant à partager avec les bons et simples habitants de la ferme.

Étonnée du silence de sa compagne, silence dont elle ne soupçonnait pas la cause, la Goualeuse lui toucha légèrement l'épaule, en lui disant :

— Mont-Saint-Jean, puisque me voilà libre... ne pourrais-je pas vous être utile à quelque chose ?

En sentant la main de la Goualeuse, la prisonnière tressaillit, laissa retomber ses bras sur ses genoux, et tourna vers la jeune fille son visage ruisselant de larmes.

Une si amère douleur éclatait sur la figure de Mont-Saint-Jean que sa laideur disparaissait.

— Mon Dieu !... qu'avez-vous ? — lui dit la Goualeuse — comme vous pleurez !

— Vous vous en allez ! — murmura la détenue d'une voix entrecoupée de sanglots ; — je n'avais pourtant jamais pensé que d'un moment à l'autre vous partiriez d'ici... et que je ne vous verrais plus... plus... jamais...

— Je vous assure que je me souviendrai

toujours de votre amitié... Mont-Saint-Jean.

— Mon Dieu, mon Dieu !... et dire que je vous aimais déjà tant... quand j'étais là assise par terre, à vos pieds... il me semblait que j'étais sauvée... que je n'avais plus rien à craindre. Ce n'est pas pour les coups que les autres vont peut-être recommencer à me donner que je dis cela... j'ai la vie dure... Mais enfin il me semblait que vous étiez ma bonne chance et que vous porteriez bonheur à mon enfant, rien que parce que vous aviez eu pitié de moi... C'est vrai, allez, ça; quand on est habitué à être maltraité, on est plus sensible que d'autres à la bonté ; — puis s'interrompant pour éclater encore en sanglots, elle s'écria : — Allons, c'est fini... c'est fini... au fait... ça devait arriver un jour ou l'autre... mon tort est de n'y avoir jamais pensé... C'est fini... plus rien... plus rien...

— Allons, courage, je me souviendrai de vous, comme vous vous souviendrez de moi.

— Oh ! pour ça... on me couperait en morceaux plutôt que de me faire vous renier ou vous oublier; je deviendrais vieille, vieille comme les rues, que j'aurais toujours devant les yeux votre belle figure d'ange. Le premier mot que j'apprendrai à mon enfant, ça sera votre nom, la Goualeuse, car il vous aura dû de n'être pas mort de froid...

— Écoutez-moi, Mont-Saint-Jean — dit Fleur-de-Marie, touchée de l'affection de cette misérable — je ne puis rien vous promettre pour vous... quoique je connaisse des personnes bien charitables ; mais pour votre enfant... c'est différent... il est innocent de tout, lui, et les personnes dont je vous parle voudront peut-être bien se charger de le faire élever quand vous pourrez vous en séparer...

— M'en séparer... jamais, oh! jamais — s'écria Mont-Saint-Jean avec exaltation ; — qu'est-ce que je deviendrais donc maintenant que j'ai compté sur lui...

— Mais... comment l'éleverez-vous ? fille ou garçon, il faut qu'il soit honnête, et pour cela...

— Il faut qu'il mange un pain honnête, n'est-ce pas, la Goualeuse? Je le crois bien, c'est mon ambition, je me le dis tous les jours; aussi en sortant d'ici je ne remettrai pas le pied sous un pont... je me ferai chiffonnière, balayeuse des rues, mais honnête ; on doit ça, sinon à soi, du moins à son enfant, quand on a l'*honneur* d'en avoir un... — dit-elle avec une sorte de fierté.

— Et qui gardera votre enfant pendant que vous travaillerez ? — reprit la Goualeuse — ne vaudrait-il pas mieux, si cela est possible comme je l'espère, le placer à la campagne chez de braves gens qui en feraient une brave fille de ferme ou un bon cultivateur ? Vous viendriez de temps en temps le voir, et un jour vous trouveriez peut-être moyen de vous en rapprocher tout à fait ; à la campagne on vit de si peu.

— Mais m'en séparer, m'en séparer ! je mettais toute ma joie en lui, moi qui n'ai rien qui m'aime.

— Il faut songer plus à lui qu'à vous, ma pauvre Mont-Saint-Jean ; dans deux ou trois jours j'écrirai à madame Armand, et si la demande que je compte faire en faveur de votre enfant réussit, vous n'aurez plus à dire de lui ce qui tout à l'heure m'a tant navré : —*Hélas, mon Dieu, que deviendra-t-il ?*

L'inspectrice, madame Armand, interrompit cet entretien, elle venait chercher Fleur-de-Marie.

Après avoir de nouveau éclaté en sanglots et baigné de larmes désespérées les mains de la jeune fille, Mont-Saint Jean retomba sur le banc dans un accablement stupide, ne songeant pas même à la promesse que Fleur-de-Marie venait de lui faire à propos de son enfant.

— Pauvre créature! — dit madame Armand en sortant du préau suivie de Fleur-de-Marie·—Sa reconnaissance envers vous me donne meilleure opinion d'elle.

En apprenant que la Goualeuse était graciée, les autres détenues, loin de se montrer jalouses de cette faveur, en témoignèrent leur joie; quelques-unes entourèrent Fleur-de-Marie et lui firent des adieux pleins de cordialité, la félicitèrent franchement de sa prompte sortie de prison.

— C'est égal — dit l'une d'elles : — cette petite blondinette nous a fait passer un bon moment... c'est quand nous avons boursillé pour la layette de Mont-Saint-Jean. On se souviendra de cela à Saint-Lazare.

Lorsque Fleur-de-Marie eut quitté le bâtiment des prisons sous la conduite de l'inspectrice, celle-ci lui dit :

— Maintenant, mon enfant, rendez-vous au vestiaire où vous déposerez vos vêtements de détenue pour reprendre vos habits de paysanne qui, par leur simplicité rustique, vous seyaient si bien ; adieu... vous allez être heureuse, car vous allez vous trouver sous la protection de personnes recommandables, et vous quittez cette maison pour n'y jamais rentrer. Mais... tenez... je ne suis guère raisonnable — dit madame Armand dont les yeux se mouillèrent de larmes — il m'est impossible de vous cacher combien je m'étais déjà attachée à vous, pauvre petite ! — Puis, voyant le regard de Fleur-de-Marie devenir humide aussi, l'inspectrice ajouta : — Vous ne m'en voudrez pas, je l'espère, d'attrister ainsi votre départ?

— Ah! madame... n'est-ce pas grâce à votre recommandation que cette jeune dame, à qui je dois ma liberté, s'est intéressée à mon sort?

— Oui, et je suis heureuse de ce que j'ai fait; mes pressentiments ne m'avaient pas trompée...

A ce moment une cloche sonna.

— Voici l'heure du travail des ateliers, il faut que je rentre... adieu, encore adieu, ma chère enfant!..

Et madame Armand, aussi émue que Fleur-de-Marie, l'embrassa tendrement; puis elle dit à un des employés de la maison :

— Conduisez mademoiselle au vestiaire.

Un quart d'heure après, Fleur-de-Marie, vêtue en paysanne ainsi que nous l'avons vue à la ferme de Bouqueval, entrait dans le greffe où l'attendait madame Séraphin.

La femme de charge du notaire Jacques Ferrand venait chercher cette malheureuse enfant pour la conduire à l'île du Ravageur.

CHAPITRE XII.

SOUVENIRS.

Jacques Ferrand avait facilement et promptement obtenu la liberté de Fleur-de-Marie, liberté qui dépendait d'une simple décision administrative.

Instruit par la Chouette du séjour de la Goualeuse à Saint-Lazare, il s'était aussitôt adressé à l'un de ses clients, homme honorable et influent, lui disant qu'une jeune fille, d'abord égarée mais sincèrement repentante et récemment enfermée à Saint-Lazare, risquait, par le contact des autres prisonnières, de voir s'affaiblir peut-être ses bonnes résolutions. Cette jeune fille lui ayant été vivement recommandée par des personnes respectables qui devaient se charger d'elle à sa sortie de prison — avait ajouté Jacques Ferrand — il priait son tout-puissant client, au nom de la morale, de la religion et de la réhabilitation future de cette infortunée, de solliciter sa libération.

Enfin le notaire, pour se mettre à l'abri de toute recherche ultérieure, avait surtout et instamment prié son client de ne pas le nommer dans l'accomplissement de cette bonne œuvre; ce vœu, attribué à la modestie philanthropique de Jacques Ferrand, homme aussi pieux que respectable, fut scrupuleusement observé: la liberté de Fleur-de-Marie fut demandée et obtenue au seul nom du client qui, pour comble d'obligeance, envoya directement à Jacques Ferrand l'ordre de sortie, afin qu'il pût l'adresser aux protecteurs de la jeune fille.

Madame Séraphin, en remettant cet ordre au directeur de la prison, ajouta qu'elle était chargée de conduire la Goualeuse auprès des personnes qui s'intéressaient à elle.

D'après les excellents renseignements donnés par l'inspectrice à madame d'Harville sur Fleur-de-Marie, personne ne douta que celle-ci ne dût sa liberté à l'intervention de la marquise.

La femme de charge du notaire ne pouvait donc en rien exciter la défiance de sa victime.

Madame Séraphin avait, selon l'occasion et ainsi qu'on le dit vulgairement, l'air *bonne femme;* il fallait assez d'observation pour remarquer quelque chose d'insidieux, de faux, de cruel dans son regard patelin, dans son sourire hypocrite.

Malgré sa profonde scélératesse, qui l'avait rendue complice ou confidente des crimes de son maître, madame Séraphin ne put s'empêcher d'être frappée de la touchante beauté de cette jeune fille qu'elle avait livrée tout enfant à la Chouette... et qu'elle conduisait alors à une mort certaine...

— Eh bien, ma chère demoiselle — lui dit madame Séraphin d'une voix mielleuse — vous devez être bien contente de sortir de prison ?

— Oh oui, madame, et c'est, sans doute, grâce à la protection de madame d'Harville, qui a été si bonne pour moi...

— Vous ne vous trompez pas... mais venez... nous sommes déjà un peu en retard... et nous avons une longue route à faire.

— Nous allons à la ferme de Bouqueval chez madame Georges, n'est-ce pas... madame? — s'écria la Goualeuse.

— Oui... certainement, nous allons à la campagne... chez madame Georges — dit la femme de chargé pour éloigner tout soupçon de l'esprit de Fleur-de-Marie, puis elle ajouta, avec un air de malicieuse bonhomie : — Mais ce n'est pas tout, avant de voir madame Georges, une petite surprise vous attend, venez... venez, notre fiacre est en bas... quel *ouf* vous allez pousser en sortant d'ici... chère demoiselle... allons, partons... votre servante, messieurs.

Et madame Séraphin, après avoir salué le greffier et son commis, descendit avec la Goualeuse.

Un gardien les suivait chargé de faire ouvrir les portes.

La dernière venait de se refermer, et les deux femmes se trouvaient sous le vaste porche qui donne sur la rue du Faubourg-

Saint-Denis, lorsqu'elles se rencontrèrent avec une jeune fille qui venait sans doute visiter quelque prisonnière.

C'était Rigolette... Rigolette toujours leste et coquette ; un petit bonnet très-simple, mais bien frais et orné de faveurs cerise qui accompagnaient à merveille ses bandeaux de cheveux noirs, encadrait son joli minois ; un col bien blanc se rabattait sur son long tartan brun. Elle portait au bras un cabas de paille ; grâce à sa démarche de chatte attentive et proprette, ses brodequins à semelles épaisses étaient d'une propreté miraculeuse, quoiqu'elle vînt, hélas ! de bien loin, la pauvre enfant.

— Rigolette ! — s'écria Fleur-de-Marie en reconnaissant son ancienne compagne de prison (1) et de promenades champêtres.

— La Goualeuse ! — dit à son tour la grisette.

---

(1) Le lecteur se souvient peut-être que dans le récit de ses premières années qu'elle a fait à Rodolphe lors de son entretien avec lui chez l'ogresse, la Goualeuse lui avait parlé de Rigolette, qui, enfant vagabond comme elle, avait été enfermée jusqu'à seize ans dans une maison de détention.

Et les deux jeunes filles se jetèrent dans les bras l'une de l'autre.

Rien de plus enchanteur que le contraste de ces deux enfants de seize ans, tendrement embrassées, toutes deux si charmantes, et pourtant si différentes de physionomie et de beauté.

L'une blonde, aux grands yeux bleus mélancoliques, au profil d'une angélique pureté idéal, un peu pâli, un peu attristé, un peu spiritualisé, de ces adorables paysannes de Greuze, d'un coloris si frais et si transparent... mélange ineffable de rêverie, de candeur et de grâce...

L'autre brune piquante, aux joues rondes et vermeilles, aux jolis yeux noirs, au rire ingénu, à la mine éveillée, type ravissant de jeunesse, d'insouciance et de gaieté, exemple rare et touchant du bonheur dans l'indigence, de l'honnêteté dans l'abandon et de la joie dans le travail.

Après l'échange de leurs naïves caresses, les deux jeunes filles se regardèrent...

Rigolette était radieuse de cette rencontre... Fleur-de-Marie confuse...

La vue de son amie lui rappelait le peu de jours de bonheur calme qui avaient précédé sa dégradation première.

— C'est toi... quel bonheur... — disait la grisette.

— Mon Dieu, oui, quelle douce surprise... il y a si long-temps que nous nous sommes vues... — répondit la Goualeuse.

—Ah! maintenant, je ne m'étonne plus de ne t'avoir pas rencontrée depuis six mois... — reprit Rigolette en remarquant les vêtements rustiques de la Goualeuse — tu habites donc la campagne...

— Oui... depuis quelque temps — dit Fleur-de-Marie en baissant les yeux.

— Et tu viens, comme moi, voir quelqu'un en prison?

— Oui... je venais... je viens de voir quelqu'un — dit Fleur-de-Marie en balbutiant et en rougissant de honte.

—Et tu t'en retournes chez toi? loin de Paris sans doute? chère petite Goualeuse... toujours bonne; je te reconnais bien là... Te rappelles-tu cette pauvre femme en couche à qui tu avais donné ton matelas, du linge, et le peu d'argent qui te restait, et que nous allions dépenser à la campagne... car alors tu étais déjà folle de la campagne, toi... mademoiselle la villageoise...

— Et toi, tu ne l'aimais pas beaucoup? Rigolette, étais-tu complaisante! c'est pour moi que tu y venais pourtant.

— Et pour moi aussi... car toi, qui étais toujours un peu sérieuse, tu devenais si contente, si gaie, si folle une fois au milieu des champs ou des bois... que rien que de t'y voir... c'était pour moi un plaisir... mais laisse-moi donc encore te regarder? Comme ce joli bonnet rond te va bien! es-tu gentille ainsi! décidément.... c'était ta vocation de porter un bonnet de paysanne, comme la mienne de porter un bonnet de grisette... Te voilà selon ton goût, tu dois être contente... du reste, ça ne m'étonne pas... quand je ne t'ai plus vue, je me suis dit: Cette bonne petite Goualeuse n'est pas faite pour Paris, c'est une vraie fleur des bois, comme dit la chanson, et ces fleurs-là ne vivent pas dans la *capitale*, l'air n'y est pas bon pour elles... Aussi la Goualeuse se sera mise en place chez de braves gens à la campagne : c'est ce que tu as fait, n'est-ce pas?

— Oui... — dit Fleur-de-Marie en rougissant.

— Seulement... j'ai un reproche à te faire.
— A moi...
— Tu aurais dû me prévenir.... on ne se quitte pas ainsi du jour au lendemain... ou du moins sans donner de ses nouvelles.

— Je... j'ai quitté Paris... si vite — dit Fleur-de-Marie de plus en plus confuse — que je n'ai pas pu...

— Oh! je ne t'en veux pas, je suis trop contente de te revoir... Au fait tu as eu bien raison de quitter Paris, va, c'est si difficile d'y vivre tranquille, sans compter qu'une pauvre fille isolée comme nous sommes peut tourner à mal sans le vouloir... Quand on n'a personne pour vous conseiller... on a si peu de défense... les hommes vous font toujours de si belles promesses, et puis, dame, quelquefois la misère est si dure... Tiens, te souviens-tu de la petite Julie qui était si gentille? et de Rosine, la blonde aux yeux noirs?

— Oui... je m'en souviens.

— Eh bien, ma pauvre Goualeuse, elles ont été trompées toutes les deux, puis abandonnées, et enfin de malheurs en malheurs elles en sont tombées à être de ces vilaines femmes que l'on renferme ici...

— Ah ! mon Dieu !... — s'écria Fleur-de-Marie qui baissa la tête et devint pourpre.

Rigolette, se trompant sur le sens de l'exclamation de son amie, reprit :

— Elles sont coupables, méprisables.... même, si tu veux, je ne dis pas; mais, vois-tu, ma bonne Goualeuse, parce que nous avons eu le bonheur de rester honnêtes : toi, parce que tu as été vivre à la campagne auprès de braves paysans ; moi, parce que je n'avais pas de temps à perdre avec les amoureux... que je leur préférais mes oiseaux, et que je mettais tout mon plaisir à avoir, grâce à mon travail, un petit ménage bien gentil... il ne faut pas être trop sévère pour les autres; mon Dieu, qui sait... si l'occasion, la tromperie, la misère n'ont pas été pour beaucoup dans la mauvaise conduite de Rosine et de Julie... et si à leur place nous n'aurions pas fait comme elles...

— Oh! — dit amèrement Fleur-de-Marie — je ne les accuse pas... je les plains...

— Allons, allons, nous sommes pressées, ma chère demoiselle — dit madame Séraphin en offrant son bras à sa victime avec impatience.

— Madame, donnez-nous encore quelques moments, il y a si long-temps que je n'ai vu ma pauvre Goualeuse — dit Rigolette.

— C'est qu'il est tard, mesdemoiselles; déjà trois heures, et nous avons une longue course à faire — répondit madame Séraphin fort contrariée de cette rencontre, puis elle ajouta : — Je vous donne encore dix minutes...

— Et toi — reprit Fleur-de-Marie en prenant les mains de son amie dans les siennes — tu as un caractère si heureux; tu es toujours gaie? toujours contente?...

— Je l'étais il y a quelques jours... contente et gaie, mais maintenant...

— Tu as des chagrins?

— Moi? ah bien oui, tu me connais... un vrai *Roger-Bontemps*... Je ne suis pas changée... mais malheureusement tout le monde n'est pas comme moi... Et comme les autres ont des chagrins, ça fait que j'en ai...

— Toujours bonne...

— Que veux-tu... figure-toi que je viens ici pour une pauvre fille... une voisine... la brebis du bon Dieu, qu'on accuse à tort et qui est bien à plaindre, va ; elle s'appelle Louise Morel, c'est la fille d'un honnête ouvrier, qui est devenu fou tant il était malheureux...

Au nom de Louise Morel, une des victimes du notaire, madame Séraphin tressaillit et regarda très-attentivement Rigolette.

La figure de la grisette lui était absolument inconnue ; néanmoins la femme de charge prêta dès lors beaucoup d'attention à l'entretien des deux jeunes filles.

— Pauvre femme ! — reprit la Goualeuse — comme elle doit être contente de ce que tu ne l'oublies pas dans son malheur.

— Ce n'est pas tout, c'est comme un sort ; telle que tu me vois, je viens de bien loin... et encore d'une prison... mais d'une prison d'hommes.

— D'une prison d'hommes, toi ?

— Ah ! mon Dieu oui, j'ai là une autre

pauvre pratique bien triste... aussi tu vois mon cabas (et Rigolette le montra), il est partagé en deux, chacun a son côté: aujourd'hui j'apporte à Louise un peu de linge, et tantôt j'ai aussi porté quelque chose à ce pauvre Germain... mon prisonnier s'appelle Germain; tiens, je ne peux pas penser à ce qui vient de m'arriver avec lui sans avoir envie de pleurer... c'est bête, je sais que cela n'en vaut pas la peine, mais enfin je suis comme ça.

— Et pourquoi as-tu envie de pleurer?

— Figure-toi que Germain est si malheureux d'être confondu avec ces mauvais hommes de la prison qu'il est tout accablé, n'ayant de goût à rien, ne mangeant pas et maigrissant à vue d'œil... je m'aperçois de ça, et je me dis : Il n'a pas faim, je vais lui faire une petite friandise qu'il aimait bien quand il était mon voisin, ça le ragoûtera... Quand je dis friandise, entendons-nous, c'étaient tout bonnement de belles pommes de terre jaunes, écrasées avec un peu de lait et du sucre, j'en emplis une jolie tasse bien propre, et tantôt je lui porte ça à sa prison en lui disant que j'avais préparé moi-même ce pauvre petit régal, comme autrefois, dans le bon temps, tu comprends; je croyais ainsi lui donner un peu envie de manger... Ah bien oui...

— Comment?

— Ça lui a donné envie de pleurer; quand il a reconnu la tasse dans laquelle j'avais si souvent pris mon lait devant lui, il s'est mis à fondre en larmes... et, par-dessus le marché, j'ai fini par faire comme lui, quoique j'aie voulu m'en empêcher : tu vois comme j'ai de la chance, je croyais bien faire... le consoler, et je l'ai attristé davantage encore.

— Oui, mais ces larmes-là lui auront été si douces.

— C'est égal, j'aurais autant aimé le consoler autrement; mais je te parle de lui sans te dire qui il est, c'est un ancien voisin à moi... le plus honnête garçon du monde, aussi doux, aussi timide qu'une jeune fille, et que j'aimais comme un camarade, comme un frère.

— Oh! alors, je conçois que ses chagrins soient devenus les tiens.

— N'est-ce pas? Mais tu vas voir comme il a bon cœur : quand je me suis en allée, je lui ai demandé, comme toujours, ses commissions, lui disant en riant, afin de l'égayer un peu, que j'étais sa petite femme de ménage et que je serais bien exacte, bien active, pour garder sa pratique. Alors lui, s'efforçant de sourire, m'a demandé de lui apporter un des romans de Walter-Scott qu'il m'avait autrefois lu le soir pendant que je travaillais; ce roman-là s'appelle *Ivan... Ivanhoé...* oui, c'est ça... J'aimais tant ce livre-là qu'il me l'avait lu deux fois... Pauvre Germain, il était si complaisant...

— C'est un souvenir de cet heureux temps passé qu'il veut avoir...

— Certainement, puisqu'il m'a priée d'aller dans le même cabinet de lecture, non pour louer, mais pour acheter les mêmes volumes que nous lisions ensemble...Oui, les acheter... et tu juges, pour lui c'est un sacrifice, car il est aussi pauvre que nous...

— Excellent cœur!—dit la Goualeuse toute émue.

—Te voilà aussi attendrie que moi... Quand il m'a chargée de cette commission, ma bonne petite Goualeuse, mais tu comprends, plus je me sentais envie de pleurer... plus je tâchais de rire, car pleurer deux fois dans une visite faite exprès pour l'égayer, c'était trop fort... Aussi, pour chasser ça, je me suis mise à lui rappeler les drôles d'histoires d'un juif... un personnage de ce roman qui nous amusait tant autrefois... mais plus je parlais, plus il me regardait avec de grosses, grosses larmes dans les yeux... dame, moi, ça m'a fendu le cœur; j'avais beau renfoncer mes larmes depuis un quart-d'heure... j'ai fini par faire comme lui ; quand je l'ai quitté, il sanglottait et je me disais, furieuse de ma sottise : — Si c'est comme ça que je le console et que je l'égaie, c'est bien la peine d'aller le voir, moi qui me promets toujours de le faire rire... c'est étonnant comme j'y réussis!

Au nom de Germain, autre victime du notaire, madame Séraphin avait redoublé d'attention.

— Et qu'a-t-il donc fait, ce jeune homme pour être en prison ? — demanda Fleur-de-Marie.

— Lui! — s'écria Rigolette, dont l'attendrissement cédait à l'indignation — il a fait qu'il est poursuivi par un vieux monstre de notaire..., qui est aussi le dénonciateur de Louise.

— De Louise, que tu viens voir ici?

— Sans doute, elle était la servante du notaire, et Germain était son caissier... Il serait trop long de te dire de quoi il accuse bien injustement ce pauvre garçon... Mais, ce qu'il y a de sûr, c'est que ce méchant homme est comme un enragé après ces deux malheureux qui ne lui ont jamais fait de mal... mais patience, patience, chacun aura son tour...

Rigolette prononça ces derniers mots avec une expression qui inquiéta madame Séraphin. Se mêlant à la conversation, au lieu d'y demeurer étrangère, elle dit à Fleur-de-Marie d'un air patelin :

— Ma chère demoiselle, il est tard, il faut partir... on nous attend; je comprends bien que ce que vous dit mademoiselle vous intéresse, car moi qui ne connais pas la jeune fille et le jeune homme dont elle parle, ça me désole; mon Dieu! est-il possible qu'il y ait des gens si méchants... Et comment donc s'appelle-t-il ce vilain notaire dont vous parlez, mademoiselle?

Rigolette n'avait aucune raison de se défier de madame Séraphin; néanmoins, se souvenant des recommandations de Rodolphe, qui lui avait enjoint la plus grande réserve au sujet de la protection cachée qu'il accordait à Germain et à Louise, elle regretta de s'être laissé entraîner à dire : Patience, chacun aura son tour.

— Ce méchant homme s'appelle M. Ferrand, madame — reprit donc Rigolette— ajoutant très-adroitement pour réparer sa légère indiscrétion.—Et c'est d'autant plus mal à lui de tourmenter Louise et Germain, que personne ne s'intéresse à eux... excepté moi... ce qui ne leur sert pas à grand'chose.

— Quel malheur! —reprit madame Séraphin — j'avais espéré le contraire quand vous avez dit : *Mais patience...* je croyais que vous comptiez sur quelque protecteur pour soutenir ces deux infortunés contre ce méchant notaire.

— Hélas ! non, madame — ajouta Rigolette, afin de détourner complétement les soupçons de madame Séraphin — qui serait assez généreux pour prendre le parti de ces deux pauvres jeunes gens contre un homme riche et puissant, comme l'est ce M. Ferrand ?

— Oh! il y a des cœurs assez généreux pour cela! — reprit Fleur-de-Marie, après un moment de réflexion et avec une exaltation contrainte — oui, je connais quelqu'un qui se fait un devoir de protéger ceux qui souffrent et de les défendre, car celui dont je te parle est aussi secourable aux honnêtes gens que redoutable aux méchants.

Rigolette regarda la Goualeuse avec étonnement, et fut sur le point de lui dire, en songeant à Rodolphe, qu'elle aussi connaissait quelqu'un qui prenait courageusement le parti du faible contre le fort; mais toujours fidèle aux recommandations de son *voisin* (ainsi qu'elle appelait le prince), la grisette répondit à *Fleur-de-Marie*.

— Vraiment, tu connais quelqu'un d'assez généreux pour venir aussi en aide aux pauvres gens?...

— Oui!... et quoique j'aie déjà à implorer sa pitié, sa bienfaisance pour d'autres personnes, je suis sûre que s'il connaissait le malheur immérité de Louise et de M. Germain... il les sauverait et punirait leur persécuteur... car sa justice et sa bonté sont inépuisables comme celles de Dieu...

Madame Séraphin regarda sa victime avec surprise.

— Cette petite fille serait-elle donc encore plus dangereuse que nous ne le pensions ? — se dit-elle — si j'avais pu en avoir pitié, ce qu'elle vient de dire, rendrait inévitable l'*accident* qui va nous en débarrasser.

— Ma bonne petite Goualeuse, puisque tu as une si bonne connaissance, je t'en supplie, recommande-lui ma Louise et mon Germain, car ils ne méritent pas leur mauvais sort — dit Rigolette en songeant que ses amis ne pouvaient que gagner à avoir deux défenseurs au lieu d'un.

— Sois tranquille, je te promets de faire ce que je pourrai pour tes protégés auprès de M. Rodolphe — dit Fleur-de-Marie.

— Monsieur Rodolphe !... — s'écria Rigolette étrangement surprise.

— Sans doute... — dit la Goualeuse.

— M. Rodolphe !... un commis-voyageur ?

— Je ne sais pas ce qu'il est... mais pourquoi cet étonnement?

— Parce que je connais aussi un monsieur Rodolphe.

— Ce n'est peut-être pas le même.

— Voyons, voyons le tien... comment est-il?

— Jeune!...

— C'est ça...

— Une figure pleine de noblesse et de bonté...

— C'est bien ça... mais mon Dieu!... c'est tout comme le mien — dit Rigolette de plus en plus étonnée, et elle ajouta: —Est-il brun? a-t-il de petites moustaches?...

— Oui.

— Enfin il est grand et mince... il a une taille charmante... et l'air si comme il faut... pour un commis-voyageur... Est-ce toujours bien ça le tien?

— Sans doute c'est lui — répondit Fleur-de-Marie — seulement ce qui m'étonne, c'est que tu crois qu'il est commis-voyageur.

— Quant à cela... j'en suis sûre... il me l'a dit...

— Tu le connais?

— Si je le connais? c'est mon voisin.

— M. Rodolphe?

— Il a une chambre au quatrième, à côté de la mienne.

— Lui?... lui?...

— Qu'est-ce qu'il y a d'étonnant à cela? c'est tout simple, il ne gagne guère que quinze ou dix-huit cents francs par an; il ne peut prendre qu'un logement modeste, quoiqu'il ait l'air de ne pas avoir beaucoup d'ordre... car il ne sait pas seulement ce que ses habits lui coûtent... mon cher voisin...

— Non... non... ce n'est pas le même... — it Fleur-de-Marie en réfléchissant.

— Ah çà! le tien est donc un phénix pour l'ordre?

— Celui dont je te parle, vois-tu, Rigolette — dit Fleur-de-Marie avec enthousiasme — est tout-puissant... on ne prononce son nom qu'avec amour et vénération... son aspect trouble... impose, et l'on est tenté de s'agenouiller devant sa grandeur et sa bonté...

— Alors je m'y perds, ma pauvre Goualeuse; je dis comme toi, ça n'est plus le même, car le mien n'est ni tout-puissant, ni imposant, il est très-bon enfant, très-gai et on ne s'agenouille pas devant lui ; au contraire, car il m'avait promis de m'aider à cirer ma chambre, sans compter qu'il devait me mener promener le dimanche... Tu vois que ça n'est pas un gros seigneur. Mais à quoi est-ce que je pense, j'ai joliment le cœur à la promenade !... Et Louise, et mon pauvre Germain ! tant qu'ils seront en prison, il n'y aura pas de plaisir pour moi....

Depuis quelques moments Fleur-de-Marie réfléchissait profondément ; elle s'était tout à coup rappelé que lors de sa première entrevue avec Rodolphe chez l'ogresse, il avait l'extérieur et le langage des hôtes du *tapis-franc*. Ne pouvait-il pas jouer le rôle de commis-voyageur auprès de Rigolette.

Mais quel était le but de cette nouvelle transformation ?

La grisette reprit, voyant l'air pensif de Fleur-de-Marie :

— Il n'est pas besoin de te creuser la tête pour cela, ma bonne Goualeuse : nous saurons bien si nous connaissons le même M. Rodolphe ; quand tu verras le tien, parle-lui de moi ; quand je verrai le mien, je lui parlerai de toi... de cette manière-là nous saurons tout de suite à quoi nous en tenir.

— Et où demeures-tu, Rigolette?

— Rue du Temple, n° 17.

— Voilà qui est étrange et bon à savoir — se dit madame Séraphin, qui avait attentivement écouté cette conversation. — Ce M. Rodolphe, mystérieux et tout-puissant personnage, qui se fait sans doute passer pour commis-voyageur, occupe un logement voisin de celui de cette petite ouvrière, qui a l'air d'en savoir plus qu'elle n'en veut dire, et ce défenseur des opprimés loge ainsi qu'elle dans la maison de Morel et de Bradamanti... Bon, bon, si la grisette et le prétendu commis-voyageur continuent à se mêler de ce qui ne les regarde pas, on saura où les trouver.

— Lorsque j'aurai parlé à M. Rodolphe, je t'écrirai — dit la Goualeuse — et je te donnerai mon adresse pour que tu puisses me répondre, mais répète-moi la tienne... je crains de l'oublier.

— Tiens, j'ai justement sur moi une des

cartes que je laisse à mes pratiques — et elle donna à Fleur-de-Marie une petite carte sur laquelle était écrit en magnifique bâtarde, — *Mademoiselle Rigolette, couturière, rue du Temple, n° 17.* C'est comme imprimé, n'est-ce pas ? — ajouta la grisette — c'est encore ce pauvre Germain qui me les a écrites dans le temps, ces cartes-là ; il était si bon, si prévenant... tiens, vois-tu, c'est comme un fait exprès, on dirait que je ne m'aperçois de toutes ses excellentes qualités que depuis qu'il est malheureux... et maintenant je suis toujours à me reprocher d'avoir attendu si tard pour l'aimer...

— Tu l'aimes donc ?

— Ah ! mon Dieu oui !... il faut bien que j'aie un prétexte pour aller le voir en prison... Avoue que je suis une drôle de fille — dit Rigolette en étouffant un soupir et en *riant dans ses larmes*, comme dit le poète.

— Tu es bonne et généreuse comme toujours — dit Fleur-de-Marie en pressant tendrement les mains de son amie.

Madame Séraphin en avait sans doute assez appris par l'entretien des deux jeunes filles, car elle dit presque brusquement à Fleur-de-Marie :

— Allons, allons, ma chère demoiselle, partons; il est tard, voilà un quart d'heure de perdu.

— A-t-elle l'air bougon, cette vieille... je n'aime pas sa figure — dit tout bas Rigolette à Fleur-de-Marie. Puis elle reprit tout haut : — Quand tu viendras à Paris, ma bonne Goualeuse, ne m'oublie pas; ta visite me ferait tant de plaisir! je serais si contente de passer une journée avec toi, de te montrer mon petit ménage, ma chambre, mes oiseaux !.. j'ai des oiseaux... c'est mon luxe.

— Je tâcherai de t'aller voir, mais certainement je t'écrirai; allons, adieu, Rigolette... adieu... Si tu savais comme je suis heureuse de t'avoir rencontrée.

— Et moi donc... mais ce ne sera pas la dernière fois, je l'espère; et puis je suis si impatiente de savoir si ton M. Rodolphe est le même que le mien... Écris-moi bien vite à ce sujet, je t'en prie...

— Oui, oui... adieu, Rigolette...

— Adieu, ma bonne petite Goualeuse...

Et les deux jeunes filles s'embrassèrent tendrement en dissimulant leur émotion.

Rigolette entra dans la prison pour voir Louise, grâce au permis que lui avait fait obtenir Rodolphe.

Fleur-de-Marie monta en fiacre avec madame Séraphin, qui ordonna au cocher d'aller aux Batignolles et de s'arrêter à la barrière.

Un chemin de traverse très-court conduisait de cet endroit presque directement au bord de la Seine, non loin de l'île du Ravageur.

Fleur-de-Marie, ne connaissant pas Paris, n'avait pu s'apercevoir que la voiture suivait une autre route que celle de la barrière Saint-Denis. Ce fut seulement lorsque le fiacre s'arrêta aux Batignolles qu'elle dit à madame Séraphin, qui l'invitait à descendre :

— Mais il me semble, madame, que ce n'est pas là le chemin de Bouqueval... et puis comment irons-nous à pied d'ici jusqu'à la ferme?

— Tout ce que je puis vous dire, ma chère demoiselle — reprit cordialement la femme de charge — c'est que j'exécute les ordres de vos bienfaiteurs..... et que vous leur feriez grand'peine si vous hésitiez à me suivre...

— Oh! madame, ne le pensez pas — s'écria Fleur-de-Marie; — vous êtes envoyée par eux, je n'ai aucune question à vous adresser... je vous suis aveuglément; dites-moi seulement si madame Georges se porte toujours bien?

— Elle se porte à ravir.

— Et... M. Rodolphe?

— Parfaitement bien aussi.

— Vous le connaissez donc, madame; mais tout à l'heure, quand je parlais de lui avec Rigolette... vous n'en avez rien dit?

— Parce que je ne devais rien en dire... apparemment. J'ai mes ordres...

— C'est lui qui vous les a donnés?

— Est-elle curieuse, cette chère demoiselle, est-elle curieuse... — dit en riant la femme de charge.

— Vous avez raison; pardonnez mes questions, madame... Puisque nous allons à pied à l'endroit où vous me conduisez — ajouta Fleur-de-Marie en souriant doucement — je saurai bientôt ce que je désire tant de savoir.

— En effet, ma chère demoiselle ; avant un quart d'heure... nous serons arrivées.

La femme de charge, ayant laissé derrière elle les dernières maisons des Batignolles, suivit avec Fleur-de-Marie un chemin gazonné bordé de noyers.

Le jour était tiède et beau ; le ciel à demi voilé de nuages empourprés par le couchant; le soleil commençant à décliner jetait ses rayons obliques sur les hauteurs de *Colombes*, de l'autre côté de la Seine.

A mesure que Fleur-de-Marie approchait des bords de la rivière, ses joues pâles se coloraient légèrement; elle aspirait avec délices l'air vif et pur de la campagne.

Sa touchante physionomie exprimait une satisfaction si douce que madame Séraphin lui dit :

— Vous semblez bien contente, ma chère demoiselle...

— Oh oui, madame... je vais revoir madame Georges, peut-être M. Rodolphe... j'ai de pauvres créatures très-malheureuses à leur recommander... j'espère qu'on les soulagera... comment ne serai-je pas contente? Si j'étais triste, comment ma tristesse ne s'effacerait-elle pas? Et puis, voyez donc... le ciel est si gai avec ses nuages roses! et le gazon... est-il vert malgré la saison! et là-bas... là-bas... derrière ces saules, la rivière... est-elle grande, mon Dieu! le soleil y brille, c'est éblouissant... on dirait des reflets d'or... il brillait ainsi tout à l'heure dans l'eau du petit bassin de la prison... Dieu n'oublie pas les pauvres prisonniers... il leur donne aussi leur rayon de soleil — ajouta Fleur-de-Marie avec une sorte de pieuse reconnaissance; puis, ramenée par le souvenir de sa captivité à mieux apprécier encore le bonheur d'être libre, elle s'écria dans un élan de joie naïve :

—Ah! madame... et là-bas, au milieu de la rivière, voyez donc cette jolie petite île bordée de saules et de peupliers avec cette maison blanche au bord de l'eau... comme cette habitation doit être charmante l'été quand tous les arbres sont couverts de feuilles, quel silence, quelle fraîcheur on doit y trouver.

— Ma foi — dit madame Séraphin avec un sourire étrange — je suis ravie que vous trouviez cette île jolie.

— Pourquoi cela, madame?

— Parce que nous y allons.

— Dans cette île?

— Oui, cela vous surprend?

— Un peu, madame.

— Et si vous trouviez là vos amis?

— Que dites-vous?

— Vos amis rassemblés pour fêter votre sortie de prison? ne seriez-vous pas encore plus agréablement surprise?

— Il serait possible?.. madame Georges... M. Rodolphe...

—Tenez... ma chère demoiselle, je n'ai pas plus de défense qu'un enfant... avec votre petit air innocent vous me feriez dire ce que je ne dois pas dire.

— Je vais les revoir... oh! madame, comme mon cœur bat...

— N'allez donc pas si vite, je conçois votre impatience, mais je puis à peine vous suivre... petite folle...

— Pardon, madame, j'ai tant de hâte d'arriver...

— C'est bien naturel... je ne vous en fais pas un reproche, au contraire...

— Voici le chemin qui descend, il est mauvais, voulez-vous mon bras, madame?

— Ce n'est pas de refus, ma chère demoiselle... car vous êtes leste et ingambe, et moi je suis vieille.

— Appuyez-vous bien sur moi, madame, n'ayez pas peur de me fatiguer...

— Merci, ma chère demoiselle, votre aide n'est pas de trop, cette descente est si rapide... enfin nous voici dans une belle route.

— Ah! madame, il est donc vrai, je vais revoir madame Georges?.. je ne puis le croire.

— Encore un peu de patience... dans un quart d'heure... vous la verrez et vous le croirez alors!

— Ce que je ne puis pas comprendre — ajouta Fleur-de-Marie après un moment de réflexion — c'est que madame Georges m'attende là au lieu de m'attendre à la ferme.

— Toujours curieuse, cette chère demoiselle, toujours curieuse...

— Comme je suis indiscrète, n'est-ce pas madame? — dit Fleur-de-Marie en souriant.

— Aussi pour vous punir j'ai bien envie

de vous apprendre la surprise que vos amis vous ménagent.

— Une surprise? à moi, madame?

— Tenez, laissez-moi tranquille, petite espiègle, vous me feriez encore parler malgré moi.

Nous laisserons madame Séraphin et sa victime dans le chemin qui conduit à la rivière.

Nous les précéderons toutes deux de quelques moments à l'Ile du Ravageur.

FIN DU SIXIÈME VOLUME.

TABLE DES CHAPITRES

Chap. Ier. L'Île du Ravageur.	1
II. Le pirate d'eau douce	29
III. La mère et le fils	65
IV. François et Amandine.	97
V. Un garni	129
VI. Les victimes d'un abus de confiance.	158
VII. La rue de Chaillot	195
VIII. Le comte de Saint-Remy	221
IX. L'entretien	247
X. La perquisition.	283
XI. Les adieux.	323
XII. Souvenirs	347

www.ingramcontent.com/pod-product-compliance
Lightning Source LLC
Chambersburg PA
CBHW060602170426
43201CB00009B/865